吉本貞昭

東京裁判を批判したマッカーサー元帥の謎と真実

GHQの検閲下で報じられた「東京裁判は誤り」の真相

ハート出版

東京裁判を批判したマッカーサー元帥の謎と真実

はじめに

今年、極東国際軍事裁判（以下、東京裁判と略す）の判決によってA級戦犯七名が処刑されてから六十五年目の年を迎えたが、今日でも、日本の民族派論者たちによって、日本の戦後体制を決定した東京裁判についての論争が果てしなく繰り広げられるのは、その解釈をめぐって様々な未解決の問題が横たわっていることに原因があるからであろう。

例えば、平成二十年十月三十一日に、航空幕僚長を解任された田母神俊雄空将が先の戦争に対する政府見解（村山談話）に異論を唱え、大きな話題を呼んだように東京裁判を肯定するか否かによって、日本の戦争責任や戦後体制の捉え方が全く異なってくるのである。

その意味で、戦後の日本の針路を決定した東京裁判についての論争が果てしなく繰り広げられるのは、至極当然とも言えるのであるが、こうした中で、これまであまり議論されてこなかった、もう一つの未解決の問題が存在するのである。

例えば、戦後の日本の民族派論者の間では、東京裁判を強行したダグラス・マッカーサー元帥（以下、マッカーサーと略す）には、「極東国際軍事裁判所条例」によって、再審査権（減刑権）が与えられているにもかかわらず、その権限を行使せずに裁判所の判決をそのまま受け入れて、A級戦犯七名を処刑したことが定説となっている。

そのマッカーサーが昭和二十五年十月十五日に、トルーマン大統領と行ったウエーク島会談で、東京裁判を厳しく批判したことによって、さらにマッカーサーの人間性に対する誤解が増幅していったのであるが、これは元々「極東国際軍事裁判所条例」に規定されたマッカーサーの「権限」に対して、誤った見方があるからである。

本書では、こうしたマッカーサーに対する負のイメージを払拭するために、著者が発見した様々な歴史的資料に基づいて、まず戦後の日本でまことしやかに語られてきた「東京裁判をやらせたのはマッカーサーだ」という定説に対して再検討を行った。

これが、マッカーサー批判の根拠の一つになっているからである。

マッカーサーは、東京裁判が開始される以前から、アメリカ政府に対してA級戦犯をあくまでもB級裁判で裁くことを主張し、当時の国際法で規定されていない事後法（「平和に対する罪」「人道に対する罪」）を用いて裁くことに対して、一貫して批判的な態度を取り続けていたことは、あまり知られていない。

例えば、マッカーサーの側近の一人だったチャールズ・A・ウイロビー将軍は回顧録で、マッカーサーが東京裁判に反対した理由を挙げて、マッカーサーを弁護しているが、にもかかわらず、マッカーサーは、東京裁判を強行してA級戦犯を処刑してしまうわけである。

本書では、この問題を取り上げて、マッカーサーに与えられていた「権限」はあくまでも形式的なものであり、「権限」の制約から、実際には減刑を行使することができなかったことで、A級戦犯を救えなかったことや、マニラでの山下大将と本間中将の戦犯裁判についても同じ理由で、彼らを有罪にする判決を受け入れるしかなかったことも論証した。

また政治裁判ではなかったC級戦犯裁判に対して、マッカーサーは、例えば、昭和三十四年の映画『私は貝になりたい』（東宝映画・監督橋本忍）のモデル、加藤哲太郎元陸軍中尉のように、客観的な証拠さえあれば、マッカーサーが自分に与えられた「権限」を使って、減刑したことも紹介している。

次に、本書では、米連邦大審院（米連邦最高裁判所）がマッカーサーによって許可されたA級戦犯七名に対する禁固刑と死刑判決を再審するための訴願提出を、なぜ却下したのかという問題と、当時の新聞がなぜその理由を正直に掲載したのかという問題を検討した。

米連邦大審院は昭和二十三年十二月に、これらの再審請求を拒否するのであるが、その理由として、日本では「大審院には政治的な軍事裁判である東京裁判を再審する権限がない」と判断したからだという見方が定説となっている。

当時の新聞は、米連邦大審院がこれらの再審請求を拒否した理由について、アメリカ政府が米連邦大審院に対して再審拒否の要請を行ったことや、米国務省および極東委員会も、米司法省に対して極東軍事裁判所は、合法的に設置された国際法廷であることを通達したと報じている。

では、なぜ当時の新聞は、アメリカ政府の圧力によって米連邦大審院が禁固刑と死刑判決の再審請求を却下したことを正直に報じたのであろうか。本書では、その原因として、マッカーサーがアメリカ政府の司法への干渉を告発するために、GHQに真相を暴露するよう命じた可能性を論証した。

第三に、本書のメイン・テーマとして、当時のGHQによる新聞、雑誌および書籍に関する検閲の実態にも再検討を行った。

戦後の日本では、占領期間中に、「マスコミによる東京裁判批判は全くできなかった」という見方が定説となっているが、本書では、占領当初から間接的な表現をとっていれば、あるいは直接的な表現であっても、検事側の法理論もバランスよく論じていれば、東京裁判を批判した論文、記事および社説を新聞、雑誌に掲載できたことや、東京裁判批判の書籍も出版できたことを論証した。

例えば、占領当時の『朝日新聞』、『新岩手日報』、『北海道新聞』、『経済新誌』、『新生』を見ると、こうした記事、社説および論文が数多く掲載されており、また『極東裁判と國際法』（有斐閣）や『東京裁判　第八輯』（ニュース社）を見ても直接的な批判が行われていることが分かるわけであるが、先に述べたウエーク島会談に関する報道記事を見ると、全国五十四社の新聞のうち、実に四十三社（七九・六％）もの新聞が『東京裁判は誤り』などの見出しで、マッカーサーの東京裁判批判の記事を掲載していることが分かるのである。

著者は、この原因を調べるために、東京裁判から朝鮮戦争までの間に深まっていったマッカーサーとトルーマン大統領との対立構造を分析したが、その結果、マッカーサーがトルーマンに対する腹いせからGHQにリークさせた可能性があることを論証した。

今年の七月には、昭和天皇の訴追を回避したマッカーサーとボナー・フェラーズ准将を描いたアメリカ映画『終戦のエンペラー』（監督ピーター・ウェーバー）が日本でも上映されることになっているようである。

これまでも戦後の日本とアメリカには、マッカーサーや東京裁判について書かれた書物や映画はおびただしいが、それらに対して偏見を持つことなく、その真実を正しく伝えたものはあまりにも少ないし、中には作り話が定説となっているものさえある。

その理由は、わが国の歴史教科書を見ても分かるように、戦後、東京裁判の真相が封印されていることにあると思う。

本書は、戦後の日本で固定した、このマッカーサーに対する負のイメージに再検討を行い、数あるマッカーサーの定説を覆して、新しい「マッカーサー像」を作り出した異色作であるが、本書を通じて、マッカーサーが批判した東京裁判のもたらした誤った歴史認識から脱却して、日本人が失った自信と誇りを取り戻すための一助となれば幸いである。

著者記す

平成二十五年三月吉日

もくじ

第一部

「東京裁判は誤り」の謎と真実

極東国際軍事裁判所は、裁判所の設立者から法を与えられたのであって、申立人の権利を国際法に基づいて審査しうる、自由かつ独立の裁判所ではなかった。それゆえに、パル判事が述べたごとく、極東国際軍事裁判所は司法的な法廷ではなかった。それは政治権力の道具に過ぎなかった。

——ウィリアム・O・ダグラス（米連邦最高裁判事）

序章　「東京裁判は誤り」の発掘

「東京裁判は誤り」の発見

もう一つの未解決の問題

「はじめに」でも述べたように、戦後の日本の針路を決定した東京裁判については、これまで様々な論争が果てしなく繰り広げられてきたわけであるが、これまであまり議論されてこなかった、もう一つの未解決の問題が存在するのである。

そのひとつが、昭和二十五年十月十五日に、ウエーク島会談において、マッカーサーがトルーマン大統領と会談した際に告白したとされる「東京裁判は誤り」についての問題であるが、これについて、東京大学名誉教授の小堀桂一郎は、その著書で、次のように述べている。

『なほ数点書き添えておくと、マッカーサが昭和二十五年十月十五日にトルーマン大統領とウェーキ島で会談した際に、「東京裁判は誤りだった」といふ趣旨の告白をしたといふ報道も現在では広く知られてゐることである。このウェーキ島も、それまでは秘密とされてゐたものが、この上院の軍事外交合同委員会での公聴会開催を機会に当該委員会が公表にふみ切ったものである。この件についても朝日新聞の五月四日の記事によれば、次に引く如き間接的な表現が見出されるだけである。即ち〈戦犯には／警告の効なし／マ元帥確信〉との見出しの下に、〈ワシントン二日発ＵＰＩ共同〉として、

〈米上院軍事外交合同委員会が二日公表したウェーキ会談の秘密文書の中で注目をひく点は、マ元帥が次の諸点を信じているということである。

一、マ元帥はハリマン大統領特別顧問から北鮮の戦犯をどうするかとの質問を受けたのに対し、「戦犯には手をつけるな、手をつけてもうまくいかない」と答え、これを現地司令官に一任するよう述べた。また元帥は東京裁判とニュルンベルグ裁判には警告的な効果はないだろうと述べた。（後略）〉

以上の如く、上院委員会でのマッカーサー証言、上院の公表したウェーキ会談の内容の双方について、その中の日本に関する注目すべき言及は、当時の日本の新聞が甚だ不十分にしか報じてゐないことが分かる。しかしこの二つの言及（著者注：「日本自衛戦争」と「東京裁判は

誤り」）は、英字新聞の原文を読んだであろう一部日本の知識人の口から、新聞の報道した範囲（当時なほ〈検閲〉をうけてゐた可能性は考慮すべきであろうが）を越えて次第に世間に広まって行ったものの如くである』

この中で、著者が特に注目したのは、マッカーサーがトルーマン大統領とウエーキ島で会談した際に、「東京裁判は誤りだった」との見解を述べたが、当時の日本の新聞が甚だ不十分にしか報じていないにもかかわらず、その言葉がいつのまにか日本で流布していったのは、一九五一年五月三日付『ニューヨーク・タイムズ』の「英字新聞の原文を読んだであろう一部日本の知識人の口から、新聞の報道した範囲（当時なほ〈検閲〉をうけてゐた可能性は考慮すべきであろうが）を越えて次第に世間に広まって行ったものの如くである」という点であった。

地方紙に掲載されていた「東京裁判は誤り」

『北海道新聞』に掲載された「東京裁判は失敗」

では、当時の地方紙は、これについて、どのように報じたのだろうか。

著者は平成十五年一月下旬に、北海道旭川市立中央図書館を訪れた際に、資料室にあるマイクロフィルムに収められていた昭和二十六年五月四日付『北海道新聞』（夕刊）の第一面から

東京裁判は失敗

マ元帥の見解　困難な太平洋同盟

【ワシントン二日発UP=共同】

…に立つ

…策に重大影響か

英、再びイラ…

中共、英系会社の徴用を開始

昭和26年5月4日付『北海道新聞』（夕刊）

米上院軍事外交合同委員会主催の聴聞会でのマッカーサー証言の他に、「東京裁判は失敗」と題したウエーク島会談の内容を偶然に発見したのである。

この記事には、マッカーサーが次の諸点を信じていると書かれてあった。

一、極東軍事裁判は誤りであった。

一、米国は対日占領費の一部を支払うべきであった。

一、太平洋反共同盟は大変な仕事で実行は不可能である。

『南日本新聞』に掲載された「東京裁判は誤り」

続いて、翌年五月十九日に、著者が鹿児島県の元特攻基地・知覧を訪れた際に、ついでに立ち寄った鹿児島県立図書館の資料室にあるマイクロフィルムに収められていた昭和二十六年五月四日付『南日本新聞』（朝刊）の第一面から探し求めていた「『東京裁判』は誤り」

論争拡大の兆し
注目のマ元帥証言始る

東京裁判は誤り
マ元帥ウェーク会談で指摘

昭和 26 年 5 月 4 日付『南日本新聞』(朝刊)

と題する記事をついに発見したのである。

著者は、この記事のコピーを取った後、すぐに南日本新聞本社に電話を入れ、この記事についてのコメントを求めた。

案内係に用件を告げた後、年配の社員が電話口に出てきた。事情を話すと、占領時代の検閲に詳しい者が社内にいるから、すぐに本社に来てくださいとのことだった。

本社に到着し、受付嬢に用件を告げると、占領時代の検閲に詳しいというS報道部長という人が、受付の電話口に出てきた。

S報道部長によれば、書きかけの原稿があるので、質問は電話で手短にしてほしいとのことだったので、著者は次のポイントだけを質問した。

――県立図書館で、昭和二十六年五月四日付の『南日本新聞』の中から、一年前の十月に、マッカーサーがトルーマン大統領とのウエーク島会談で告白したとされる「『東京裁判』は誤り」の記事を見つけたんですが、当時はGHQの検閲があったにもかかわらず、なぜこのような記事が新聞に掲載できたと思いますか。

S報道部長：外国の記事については、当社から特派員を派遣して取材したものを発表したのではなくて、GHQが選んで掲載を許可したものだけを載せたのです。

——では、なぜGHQは、この記事の掲載を許可したと思いますか。

S報道部長：それは、GHQに聞いてもらわないと分からないです。

——当時の新聞記者に聞いても分からないでしょうか。

S報道部長：それは多分、分からないでしょう。

著者の「東京裁判は誤り」の発掘の旅は、こうして始まっていったのである。

国会図書館に眠っていた「東京裁判は誤り」

全国紙・地方紙の「東京裁判は誤り」

著者は、先に述べた二紙の発見から「東京裁判は誤り」の報道が全国的になされているのではないかと考え、国立国会図書館を訪れて全国紙・地方紙を収めたマイクロフィルムを調べたところ、予想どおり、マッカーサーが東京裁判を批判したことを報道した新聞社は、全国五十四社のうち、全部で四十三社（七九・六％）にも上ることが分かった。

このことから「東京裁判は誤り」という言葉が日本全国に流布したのは、前出の小堀名誉教授が言ったことに理由があるのではなく、全国紙と地方紙に掲載されたことにあったからだと言っていいだろう。

では、ＧＨＱ（連合国軍総司令部）の検閲があった時期に、なぜ「東京裁判は誤り」が日本で報道されたのだろうか。もし、このことが日本人に知られると、これまでやってきた検閲の意味がなくなってしまうことになるからである。これが著者の最初の疑問だったのである。

マッカーサーに与えられた負のイメージ

マッカーサー批判の根拠は何か

「ダグラス・マッカーサー元帥ほどいろいろな面で論争の種をふりまいた将軍は珍しい。……米国史上の偉大な国民的英雄となった半面、将軍の業績や性格について批判や反感をもつ者は米国内にも少なくない。私自身のもつ限られた数の米国人の友人についてすら、元帥に対する好悪ふた通りの感情がはっきりうかがわれる」

『マッカーサー回想記』（朝日新聞社）の訳者で、元朝日新聞東京本社外報部員の津島一夫は、このように述べているが、日本でもマッカーサーに対する批判は数多くある。

なぜならマッカーサーは、自分の名で公布した「極東国際軍事裁判所条例」（別名「極東国際軍事裁判所憲章」）によって、裁判の再審査権（減刑権）が与えられているにもかかわらず、その権限を行使せずに判事の多数意見をそのまま受け入れて、A級戦犯七名を処刑しながら、二年後のトルーマン大統領とのウエーク島会談で、東京裁判を批判したからである。

さらに朝鮮戦争の際には、トルーマン大統領から司令官を解任されたマッカーサーが米軍事外交合同委員会主催の聴聞会で、日本の「自衛戦争論」を展開するのであるが、これによって日本の民族派論者の間で、マッカーサーは偽善的で無責任であるという負のイメージが与えられ、その考え方が検討されないまま、残存する当時の断片的な資料によって彼に対する解釈が形作られてきた。

例えば、菅原裕（東京裁判弁護団副団長）、田中正明（陸軍大将松井石根の元私設秘書）およびび佐藤和男（青山学院大学名誉教授）は、マッカーサーの言説と東京裁判に対する審査権の放棄について、次の二点から厳しい批判を行っている。

第一に、東京裁判の終結後、二年を経てから「東京裁判は誤り」であり、「大東亜戦争は自衛戦争だった」と告白しても、侵略国家のレッテルを貼られた日本とその国の戦争指導者として処刑された被告たちの名誉は回復されるわけではなく、「無責任きわまるこのような言葉は、日本および日本人を愚弄する」以外のなにものでもない（菅原・田中説）。

第二に、マッカーサーは、東京裁判の判決に対して再審の権利を有していたにもかかわらず、その権利を行使することなく、検事側の主張を全面的に受け入れた判決を無条件で容認した（佐藤説）。

マッカーサーの真意を再検討する

こうしたマッカーサーに対する負のイメージが、いつのまにか固定化され、彼についての再検討がこれまであまり積極的に行われてこなかったわけであるが、一方で、マッカーサーの言説を引用して、十数年前から「日本自衛戦争」や「東京裁判の誤り」を主張する民族派論者（小堀桂一郎、渡部昇一、前野徹など）が増えてきていることも確かである。

このように、戦後の日本では、マッカーサーの言説が様々な意味で語り伝えられてきたのであるが、ここで、もう一度、東京裁判に対する彼の真意を再検討する必要があるだろう。

次章では、著者が発見した「東京裁判は誤り」の記事の謎を解くために、マッカーサーはなぜ東京裁判を批判したのか、その理由から先に見ていきたいと思う。

第一章　マッカーサーはなぜ東京裁判を批判したのか

東京裁判はいかにして成立したのか

「マッカーサー命令第一号」

昭和二十年八月十五日に、トルーマン大統領から連合国軍最高司令官（SCAP《スキャップ》）と米太平洋陸軍司令官（CINC／AFPAC）に任命されたマッカーサーとその幕僚たちは三十日の午後、米国陸軍輸送機C54型で、神奈川県の厚木飛行場に到着した。

その夜、マッカーサーは、宿泊先の横浜港大桟橋近くのニューグランド・ホテルに米太平洋陸軍総司令部（GHQ／AFPAC）幕僚部のエリオット・ソープ准将（対敵諜報部隊長）を呼び寄せ、東條英機元首相の逮捕命令を下した後、戦犯容疑者リストの作成を命じた。

昭和20年8月30日、厚木飛行場に到着したマッカーサー

さらに「大東亜戦争」（アメリカの呼称では「太平洋戦争」）を指導したA級戦犯容疑者（国家の指導者として、侵略戦争を計画・準備・遂行した者）の選定と逮捕については、ソープ准将の対敵諜報部隊（CIC）を任命した。これが、いわゆる「マッカーサー命令第一号」と呼ばれるものである。

マッカーサーの側近だったチャールズ・A・ウイロビー将軍も回顧録で、

「GHQの基本方針は、日本の民主化にあった。そのための第一歩は、ポツダム宣言にもられた戦争犯罪人を処刑し、戦争協力者をすべての公職から追放することであった。占領初期の数カ月間にわたって、もっとも重要な渉外情報活動のうちのひとつは、A級戦犯容疑者たちの逮捕である。数百名にのぼる容疑者リストから選ばれた最初の連中は、一九四五年九月中に獄につながれた」

幕僚とともに厚木飛行場に立つマッカーサー

と述べているように、ソープ准将が九月九日に、元東條内閣の閣僚を中心に、元フィリピン大統領のホセ・ラウレル、駐在ドイツ大使のハインリッヒ・スターマー、ビルマ独立義勇軍のオン・サン少将など日本に協力した外国人十四名を加えた戦犯容疑者のリストを作成した後、CINC／AFPACは十一日に、東條元首相をはじめとする三十九名の戦犯容疑者の逮捕命令を出したが、この第一次戦犯容疑者の中に、先に述べた外国人十四名が含まれていた。

A級戦犯容疑者の選定とマッカーサーの相克

被告二十八人の選定

A級戦犯を起訴するため、十二月八日に連合国軍最高司令官総司令部（GHQ／SCAP）に設置された国際検事局（IPS）も、独自に七名の戦犯容疑者の逮捕令を出した。

その後、逮捕者は、先述したマッカーサーの命令によって逮捕された戦犯容疑者も含めて総計一〇三名に達したが、起訴を免れた者は次々と釈放され、最後にA級戦犯容疑者として二十八名の被告が選定された。

アメリカと連合国間の軋轢

こうして、A級戦犯容疑者の選定を完了した後、連合国側では日本の敗戦に際して『日本の戦争指導者と戦争犯罪を処罰する方針として、ニュールンベルグ裁判と同じく、「通例の戦争犯罪」に加えて、侵略戦争の計画・準備・遂行などを犯罪とする「平和に対する罪」、戦前または戦時中の一般住民に対する非人道的行為を犯罪とする「人道に対する罪」という戦争犯罪概念を用い、国際裁判方式をとる方式では基本的に一致していた』が、連合国の間では、極東国際軍事裁判所条例の公布、判事および検事の任命など裁判所の設置、運営に関する主導権をアメリカが握ったことで軋轢が生じていた。

既に、アメリカ側では同裁判所の設置と施行規則、戦争犯罪概念に関する規定の制定は、連合国間の協定よりも連合国軍最高司令官のマッカーサーの決定で行うという方針を固めており、これに対して特に連合国側のオーストラリアとソ連が強く反発したが、アメリカが戦犯容疑者の逮捕をはじめ既成の事実を次々と重ねていくことで、圧倒的な優位を示すアメリカの意図が貫徹されていったのである。

マッカーサーとアメリカ政府との軋轢

だが、これとは別に日本での戦犯裁判のあり方をめぐって東京裁判の主導権を掌握することに成功したアメリカ政府とマッカーサーとの間に、大きな軋轢が生じていったことはあまり知られていない。

例えば、立教大学文学部名誉教授の粟屋憲太郎は、この問題について、次のように述べている。

「マッカーサーは、ニュルンベルグ裁判型の国際裁判を開くことには正面から反対はしていない。しかし彼は、国際裁判とは別に、すでに拘禁している東条とその閣僚を、宣戦布告なしで真珠湾奇襲を実行した責任者として、ただちに米国単独の軍事裁判にかけたいとの要請を、十月七日以来、ワシントンに執拗に送っている。すなわちマッカーサーは、B級戦犯概念（「通例の戦争犯罪」）で東条らを裁きたいとの執念を燃やし、東条らへの早急な裁判を実施しないことは、心理的効果からも重大な誤りであり、この裁判こそ、日本で最初の戦犯裁判にすべきだと強調していたのである。

彼は、マニラでの山下奉文や本間雅晴への軍事裁判と同じものを、東京で実施したかったのである。さすがにこのマッカーサーの方針は本国が承認するものではなかった。十一月十日、統合参謀本部は、東条らも含めてA級戦犯は国際裁判で裁くのが米国政府の方針であることを通達するのである」

マサチューセッツ州立大学歴史学部準教授のリチャード・H・マイニアも、マッカーサーの方針が本国から拒絶された理由について、次のように述べている。

『マッカーサー元帥も日本の指導者たちの訴因を、真珠湾の卑怯な攻撃に限定することを主張していた。しかし、ニュールンベルグ裁判の先例が直前にあるために、このように限定することは不可能に近かった。レーリング裁判官が一九六〇年に著わした書物によると、「アメリカが日本に対して大裁判を開くように強調したのは、本来、真珠湾攻撃と結び付いていた。だが、ニュールンベルグの先例ができたため、日本の指導者たちを平和に対する罰で訴追することが避けられなくなったのであった。日本に対する訴因を真珠湾攻撃に限定したならば、ニュールンベルグの諸原則は否認される結果となっていただろう」』

帝京大学法学部教授の日暮吉延は、連合国のポツダム宣言が発表されたころ、対日戦犯問題を検討した極東小委員会（対日政策を立案した国務・陸軍・海軍三省調整委員会の下部機関）は、陸海軍省の「合衆国主導論」（「アメリカ主導」で裁判所と検察機関をコントロールする）と国務省の「連合国主導論」（ニュルンベルグ裁判のように、「連合国間の対等性」を保障して協調する）の二つに別れて対立していたが、そのような状況の中で、マクロイ陸軍次官補が九月七日に、極東小委員会で『国務省メンバーは各国の判事直接任命を「不当に」重視しているが、それでは「扱いにくい法廷」になると批判し、陸海軍メンバーの〈合衆国主導論〉の利点』について、以下のように説いたと述べている。

『アメリカは対日勝利の「ほぼ完全な」貢献者なのだから、戦犯問題でも「指導的立場」に立つべきだ。「不誠実な真珠湾攻撃の対象」になったのはアメリカであるし、アメリカが受けた戦争犯罪の被害は、ドイツよりも日本のほうがひどい。したがって、マッカーサーが統一的占領をおこなう事情を最大限活用し、「戦争犯罪活動すべてを最高司令官の指揮下」に置くべきだ、と』

日暮は、こうした「合衆国主導論」が生まれた背景には、別の理由があったことを次のように付言している。

「じつはアメリカ連邦最高裁判所判事だったロバート・ジャクソン（ニュルンベルグ裁判のアメリカ首席検事）の意見が強く影響していたのだ。ジャクソンは、ロンドン会議で英仏ソ三国と交渉した後、トルーマン大統領、ディーン・アチソン国務次官らに、どれほど自分がソ連の扱いに困ったかを訴え、日本の裁判では法廷と検察機関をアメリカ主導で迅速に設置すべきだと助言した。つまり、〈合衆国主導論〉は、ロンドン会議という国際交渉経験の所産だったのである」

さらに日暮は、アチソン次官が「連合国協調論」の牙城である国務省内部で、「合衆国主導論」

を唱えたため、「連合国協調論」は力を失うことになったと述べ、これによって国務・陸軍・海軍三省調整委員会（ＳＷＮＣＣ）は、極東小委員会が作成した政策文書「ＳＷＮＣＣ五七／三」（「極東における戦争犯罪人の逮捕および処罰に関する合衆国の政策」の文書と「戦争犯罪容疑者の確認、逮捕および裁判に関するＪＣＳ指令」の文書）を承認し、対日戦犯裁判に関するアメリカの基本政策の枠組を決定したと説明している。

マッカーサーの権限には一定の制約があった

また日暮は、この二つの文書からなる「ＳＷＮＣＣ五七／三」は、「Ａ級裁判だけではなく、各国単位のＢＣ級裁判、容疑者の逮捕などをほぼ網羅して」おり、マッカーサーに対して、①「特別国際軍事法廷」の設置権、②裁判手続規程の制定・承認権、③検察機関の設置権と各国代表検事の任命権、④判決の執行義務、判決の承認・軽減・変更権についての広範な責任と権限を与えていることを説明した後、さらにマッカーサーの権限について、次のような驚くべき発言を行っているのである。

『なお天皇に関しては、マッカーサーあて「指令」の第十七項でだけ、特別な指令があるまで天皇にたいして「いかなる措置も講じない」よう命じている。つまり「五七／三」には「合衆国主導権論」が顕著に反映したのである。

第一に、このため東京裁判におけるアメリカの力は、ニュルンベルグよりも格段に強まることになった。第二に、マッカーサーに公判への介入権を与えなかったことが注目される（傍線は著者、以下同様）。「裁判所の独立」を尊重したためだろうが、その結果、やがて極東裁判所という独立の権力がアメリカの主観的意図を超えて独り歩きしてしまう。

第三に、「マッカーサーの権限」は完全な自由裁量ではない。それはむしろ「アメリカ政府の権限」であり、「五七／三」はマッカーサーをも制約する。たとえば、マッカーサーが、「アメリカ単独の裁判」を望んだとしても、そんな逸脱は許されない』のである。

『いくら日本人に「民主主義」を植えつけても、事後法となじられるような根拠で「国際」裁判を実施すれば、ほかの占領政策にも悪影響しかねない』と考えたマッカーサーは、『一九四五年十月七日の陸軍省あて電報で、「五七／三」を公表すれば、日本政府がダメージを受けて直接軍政をせざるをえないと威嚇し、東條を裁く権限を自分に与えてほしいと要望』して来日した陸軍長官スチムソンの片腕である『マクロイにも単独裁判論を熱心に説いた。また十月三十一日には真珠湾攻撃の「違法」な非交戦国市民殺害（「殺人」）について東條内閣閣僚をアメリカ単独法廷で早急に裁くよう陸軍省に再勧告した』が、ワシントンは「五七／三」の国際裁判の方針を固守したのである。

だが、戦後の日本では、次のように、マッカーサーには東京裁判や占領統治について、かなり強い権限が与えられていたことが定説となっているのである。

戦記作家の児島襄説

『一月二十二日、マッカーサー元帥は戦犯裁判をおこなう「極東国際軍事裁判所」条例を布告した。法務部長のカーペンター大佐によれば、この条例とニュールンベルグ法廷のための「国際軍事裁判所」条例との「唯一、かつ最大の相違」は、裁判が完全にマッカーサー元帥の管轄下に置かれた点にある（傍線は著者、以下同様）。……ニュールンベルグ法廷が、米英ソ仏四カ国の裁判官の互選で選び、また各国が別々に被告を訴追するのに対して、東京法廷では、裁判長も主席検察官もマッカーサー元帥が任命し、参加各国は共同して被告を訴追する』

法政大学教授の袖井林二郎説

「しかしマッカーサーは、ＳＣＡＰ（連合軍最高司令官）として判事を任命し検察官を選ぶ権限を与えられていた（傍線は著者、以下同様）。この点で東京裁判はニュールンベルグ裁判のように、最高司令官から独立して任命された判事と検察陣によって運営されるものとは、明らかに異なっていた。第二にマッカーサーはここでも法廷の判決を最終的に審査し減刑し得る権限を与えられていた」

スタンフォード大学フーバー研究所客員研究員の西鋭夫説

『マッカーサーの絶対的権威は、日本人の絶対的服従とぴたり合った。トルーマンはマッカーサーに前例のない強力な権力を与えた（傍線は著者、以下同様）。……日本占領統治に関しマッカーサー元帥にアドバイスをする役目を持って東京のＧＨＱ（連合国軍総司令部）に配属されていた米国の初代の政治顧問ジョージ・アチソンJrのあとを一九四七年に継いだウィリアム・シーボルトは「これはものすごい権力だった。米国の歴史で、たった一人の手に、これほど巨大で絶対的な権力が握られた例はなかった」と評した』

これに対して、ハワイ大学マノア校歴史学部助教授の戸谷由麻も、日暮説を補足するように東京裁判に対するマッカーサーの権限のほとんどは、東京裁判所憲章（極東国際軍事裁判憲章）にあるのとは違って、実際には名目上のものに過ぎなかったと述べている。

「ニュルンベルグ裁判所憲章と比較してみると、東京裁判所憲章がマッカーサーに多大な権限を託したことがわかる。けれども実質的には、その権限のほとんどは名目上のものだった。たとえば憲章によると、マッカーサーはだれを判事に任命するか、また何人任命するかを決定する権限を託されていたが、実際、一将官が――それがたとえマッカーサーといえども――各国政府の指名した判事を拒否する選択肢をもっていたかどうかは議論の余地がある。じじつ、マッカーサーは指名された各国判事すべてをそのまま承認したにすぎず、だれも拒否していない。同様に、キーナンが首席検事になった理由は、トルーマンが大統領令を発してキーナンを任命していたからであって、マッカーサーが自発的に指名したわけではない。……後述するように、むしろウエッブは司法の独立を守ることにつよい信念をもち、元帥が裁判所の決定に介入しようとするならば、それを阻止するための確固たる立場をとる準備をしていた」

米ロサンゼルスの弁護士ローレンス・テイラーも、次のようにマッカーサーの東京裁判に対する「権限」の制約について述べている。

「アメリカ合衆国統合参謀本部は、すべての日本人戦犯容疑者に対する調査と彼らの拘禁を命令した。そしてマッカーサーに、彼らを裁くために特別国際裁判所を設置し、かつその審理規定を定める権限を与えた……裁判規定を定めたのは、マッカーサーであるが、それ以外については彼の関与するところはなかった」

東京経済大学名誉教授の竹前栄治も、マッカーサーの権限には、次のように一定の制約があったと述べている。

「天皇の上に君臨し、日本国民に対して絶対的な権限を持つと思われたマッカーサーもオールマイティではなかった。彼の権限は極東委員会とアメリカ政府よって制約されていたからである。すなわち、マッカーサーは連合国最高司令官の立場では極東委員会の権限のもとにあり、アメリカ太平洋陸軍司令官（一九四七年一月極東軍と改称）の立場としてはアメリカ政府（統合参謀本部議長、陸軍参謀長、陸軍長官、大統領）の命令に従わなければならなかった」

さらに関西大学法学部教授の豊下楢彦は、マッカーサーの占領統治の権限についても制約があったと述べている。

『日本の占領管理体制のあり方が問題とされる場合、実はその背景には、そもそもマッカーサーはいかなる権限を有しているか、という基本的な問題があった。というのも、当時四大国が署名ないし合意した文書で連合国最高司令官の権限について明確に述べられているのは、一九四五年八月十一日の「バーンズ回答文」における、「降伏条項を実施するために必要と認める措置をとる連合国最高司令官」という一節しかなかったからである。これでいけばマッカーサーの権限は、降伏にかかわる純軍事的なレベルに限定されていた、と解するのが妥当ということになるであろう。

たしかに米政府は、同じバーンズ回答文の「天皇と日本政府の国家統治の権限は連合国最高司令官に従属する」という規定をもって、マッカーサーは占領管理全般にわたって執行権限を付与された、との主張を行っていた。しかし、マッカーサーの権限の〝限定性〟については、実はワシントンの内部においても十分に認識されていたのである』

また日本占領の民間検閲を研究したモニカ・ブラウは、マッカーサーの検閲の権限にも次のような制約があったと述べている。

「十一月十二日、統合参謀本部は、合衆国によって占領される地域における、民間の情報伝達手段の検閲にかんする命令書草案を最終的に準備した。これは統合参謀本部が、民間検閲のためにまとめた最初の計画であり、そしてこの命令書は、民間の検閲が実は軍事的措置であって、最高司令官がそれに責任を負うことを明らかに示している。最高司令官は、適当と判断する方針にしたがって検閲を修正できるが、しかし検閲の停止については統合参謀本部から事前の承認をえなければならないとのべられていた。このことは、検閲にかんする日常の決定がマッカーサーの権限であり、そして陸軍省が検閲作戦の立案を指揮・調整するものであるが、検閲を実施すべきかどうかについて最終的な決定権をもつものは統合参謀本部であることを意味していた」

マッカーサーが回想記で、「私は日本国民に対して事実上無制限の権力をもっていた。歴史上いかなる植民地総督も、征服者も、総司令官も、私が日本国民に対してもったほどの権力をもったことはなかった。私の権力は至上のものであった」と述べているように、トルーマンが昭和二十年八月二十九日に、太平洋方面陸軍司令官のマッカーサーに対し、ラジオで米政府の「初期対日方針」を通達して必要以上の強権を付与したことは確かである。

仁川を視察中のマッカーサー元帥（右）とコートニー・ホイットニー准将（左）。

だが、実際には米政府が九月二十九日に、「降伏後における合衆国の初期対日方針」を発表して、マッカーサーの権限を著しく縮小し、「GHQの対日占領政策は、ワシントンの統合参謀本部から発令される指示によるべきことが明確に示されるもの」となり、「マッカーサーは、ワシントンの政策実施のための道具」となったのである。

戦後の日本では、マッカーサーが天皇の上に君臨したせいか、まるで彼が絶対的な権力者のように思われているが、これはあくまでも天皇と日本国民に対する無制限の権力であって、彼は実際には東京裁判はおろか、占領統治や検閲についてさえも、最初から極東委員会とアメリカ政府から一定の制約を受けていたのである。

その最も雄弁な証拠として、マッカーサーと彼の側近だったGHQ民生局長のコートニー・ホイットニー准将の二人が回想記で、次のように述べていることからも明らかである。

マッカーサー元帥

「その後、私は国際軍事裁判の実際の裁判手続きに関するあらゆる責任からはずされ、裁判は一九四六年（昭和二十一年）一月四《（ママ）》日東京で開始された。裁判は連合国各政府によって指名されたすぐれた裁判官で構成されていた。裁判を受ける者を選び出すことも私の責任ではなく、ただ裁判の最終的な判決を伝えてそれを実行することが私の義務だった」

コートニー・ホイットニー准将

「マッカーサーには、裁判にかける者を選定する義務さえなかった。彼の義務は、ただ法廷の最終判決を伝達し、刑を執行するだけであった」

前出の竹前は、東京裁判にマッカーサーの権限がおよばなかった理由として、「極東国際軍事裁判所は、ＧＨＱの内部組織では」なかったからだと述べているが、このことは、別言すれば、ＧＨＱの内部組織である法務局と国際検事局に対しては、権限がおよんでもＧＨＱの内部組織ではない極東国際軍事裁判所には司法の独立の関係もあって、マッカーサーの権限が直接およばなかったからだと言っていいだろう。

東京裁判はなぜ「勝者の裁き」だったと言われるのか

パール判事とマッカーサーの東京裁判の批判点は何か

ところで、後に東京裁判は、戦勝国が一方的に敗戦国である日本の戦争指導者に戦争責任の全てを押し付けて裁いた「勝者の裁き」だったと言われるが、それはなぜだろうか。

その理由の一つは、東京裁判が現行の国際法に規定されていない二つの事後法（「平和に対する罪」「人道に対する罪」）によって、裁かれた裁判だったことにある。

例えば、京都大学法学部名誉教授の田岡良一（国際法学者）は、インド代表のパール判事の東京裁判に対する批判点について、次のように紹介している。

パール判事は、『いわゆる「平和に対する罪」なるものに、法律理論の見地から、また政治的賢明の原則の見地から、厳密な検討を加える。一国が他国に向かって武力を行使することを犯罪とする国際法は、被告らが日本の政治・軍事の指導者として行動していた期間には、存在しなかったことを、この期間における国際関係の史実と、国際法学者の言説とを豊富に引用して証明し、「平和に対する罪」なるものを犯罪とみなすことはできないと結論する。……また条約締結以降、第二次大戦までの間に、条約に違反する武力行使はしばしば行われたが、これ

インド代表パール判事

が列国から犯罪と見なされ、違反国の指導者たちの個人的責任を問い刑罰を科することが、問題となった例は皆無である。

人がある行為をなした時に、それは犯罪でなかったにもかかわらず、後からその行為は犯罪であったと称して、かれを刑に処するのは、法によらずして人を罪に陥れるものであり、権力者の一存によって人間の生命と自由を奪うものであり、人権と自由を重んじる近代の精神に逆行する行為である。もっとも一九四六年一月に国際軍事裁判所条例なる法が作られ、その第五条に、侵略戦争および条約に違反する戦争を犯罪とすると規定したが、この条例自体が、被告らの行為がなされて後に作られた法であり、権力者の一存によって制定された規則である。このようなものを作って「法」による「裁判」という形式をとったところで、法によらずして人を陥れるものであることに変わりはない』(「序章　パル判決の意義」『共

同研究　パル判決書』上巻）

一方、マッカーサーも回想記で、次のように東京裁判を批判しているが、ここから彼があくまでも真珠湾に対する日本の無通告攻撃と日本が受諾したポツダム宣言第十項の「吾等ノ浮虜虐待セル者ヲ含ム一切ノ戦争犯罪ニ対シテハ厳重ナル処罰ヲ加ヘラレルベシ」に依拠する「通例の戦争犯罪」を用いて東條英機元首相ら指導者を裁くこと、即ちB級戦犯裁判の適用を主張していることが分かる。

「占領中に経験したことで、極東国際軍事裁判の判決を実行にうつす義務ほど私が懸念したものは、おそらく他にあるまい。

私は戦争中、捕虜や被抑留者に残虐行為を加えたり、それを許したりした敵の現地司令官、その他の軍関係者に対する刑罰は、承認したことがある。しかし、戦いに敗れた国の政治的指導者に犯罪の責任を問うという考え方は、私にはきわめて不愉快であった。

そのような行為は、裁判というものの基本的なルールを犯すことになる、というのが私の考えだった。

私は当時、日本の政治指導者に戦争犯罪の責任を問うなら、真珠湾攻撃に対する告発にとどめるべきだと思い、またそう進言した。真珠湾攻撃は、国際法と国際慣習の要求する事前の宣戦布告を経ないで行われたからだ」

当初、真珠湾攻撃について、B級戦犯概念で戦犯裁判を実施することを意図したアメリカ政府がA級戦犯をニュルンベルグ裁判型で裁くことに同調したのは、前出のマイニアが説明したような事情が背景にあったからであるが、このマイニア説や先述した粟屋説と日暮説では、マッカーサーがなぜB級戦犯概念にあくまで固執し、これを使って東條らA級戦犯を裁こうとしたのかを明らかにしていないし、マッカーサーも回想記で、この問題については言及していないのである。

だが、著者は、マッカーサーの側近だったチャールズ・A・ウイロビー将軍とパール判決書（意見書）の中から、この謎を解く鍵を発見した。

マッカーサーの「東京裁判は誤り」の真意は何だったのか

「東京裁判は誤り」のルーツは南北戦争だった

『彼（著者注：ウイロビー将軍）は、私におごそかにいいました。「この裁判は史上最悪の偽善です」。彼は私に、こういう種類の裁判が開かれたことで、自分は息子に軍に入隊することを禁じるだろうともいいました。私は、彼にその理由を尋ねました。彼は、日本が置かれていた状況下では、日本が戦ったようにアメリカも戦ったであろうと述べました。……石油輸出禁止時期の日本の石油状況を思えば、日本には二つの選択しかありませんでした。戦争をせずに、石油備蓄が底をつくのを黙認し、他国の情にすがるだけの身分に甘んじるか、あるいは戦うかです。それがウィロビーの理由でした。そんなふうに生存のための利権が脅かされれば、どんな国でも戦うだろうと彼はいいました』

パール判事とともに、東京裁判に対して別個意見を提出したオランダ代表のレーリング判事は、その著書で東京裁判の終結後、オランダに帰国する際、マッカーサーの熱烈な信奉者だったウイロビー将軍に挨拶に行ったところ、彼が東京裁判に反対した理由を、このように告白したと語っているが、この言説からウイロビー将軍がいかに東京裁判に不満を抱いていたかが分かるだろう。

実は、このウイロビー将軍は回顧録で、マッカーサーの「東京裁判は誤り」のルーツが、次のように南北戦争にあったと述べているのである。

「対日理事会のメンバーたちは、極東国際軍事裁判をニュールンベルグの東京版に仕立て上げようと目論んでいたが、マッカーサーはどうしてもこれに賛成しなかった。マッカーサーは、一個の歴史家として、かつてアメリカの南北戦争で敗北した南部が、戦争終了後数十年を経ても、北部に対する深い恨みを抱きつづけたことを知っていたからである」

日暮も、このウイロビーの回顧録に書かれているマッカーサーの言説について若干触れてはいるが、南部がなぜ北部に深い恨みを抱いているかについては残念ながら言及していない。
いったい南北戦争（一八六一～六五）後に、南北両軍との間に何が起こったのだろうか。この謎を解き明かさなければ、マッカーサーの「東京裁判は誤り」の真意は理解できないのである。

では、次にパール判事が意見書の中で取り上げた問題（南北戦争の終結後、北部によって南部に対して行なわれた「敵意をかき立てるために考え出された事実無根の残虐行為が捏造された」）について言及した国際日本文化研究所教授牛村圭の論文（「東京裁判パル判決の謎を解く」『文藝春秋』）を参考にしながら、この謎を解き明かしていこう。

南北戦争後、南部はなぜ北部に深い恨みを抱き続けたのか

南北戦争後に行われた勝者の裁き

牛村は、パール判事の意見書の第六部「厳密なる意味における戦争犯罪」の第一節「殺人および共同謀議の訴因」の中で、日本軍の残虐行為を立証するために提出した検察側の多数の証拠の類似性から「実は共通の情報源に由来する、という可能性」があることに気づいたパール判事が、こうした「敵意をかき立てるために考え出された事実無根の残虐行為の話は」南北戦

争当時にもあったことを指摘していると述べている。

さらに牛村は、パール判事がこのことを指摘する上で依拠した文献は、W・B・ヘッセルタインの『南北戦争における牢獄――戦争心理の研究』であったと述べているが、パール判事が直接に参考にした文献は、厳密に言えば同書ではない。

パール判事が直接に参考にした文献は、米国アイオワ州立大学のアーノルド・アンダーソン教授の「敵国指導者、その裁判および処罰の実利」と題する論文（南北戦争における「獄中の虐待話」）であり、パール判事は、その中で、同教授が参考にしているヘッセルタインの獄中残酷物語を取り上げて日本軍の残虐行為との類似性を説明したのである。

牛村は、この点について説明が若干不十分のように思われる。

ところで、同書の復刻版を確認した牛村によれば、これには最終章"The Aftermath"があり、そこでは南軍降伏後の収容所関係者や解放された捕虜をめぐる国内の動向が扱われ、「戦後、捕虜虐待の責を問われ連邦側法廷で絞首刑に処せられた収容所長がいたことが裁判の概略とともに記されて」いるという。

南北戦争後、北軍の怨嗟の的となり処刑されたヘンリー・ワーズ大尉は、当時ジョージア州アンダーソンビル捕虜収容所の所長であったが、その収容所では増加する北軍の捕虜に対応することが、水の汚染や食料と医療設備の不足などから次第に困難となり、「飢えと風雨や日光にさらされたこと、そして蔓延し始めた疫痢などの伝染病で」、「開設期間に収容された総計四万九四八五人の捕虜のうち、およそ一万三千人が亡くなった」

やがて南軍が降伏すると、南部連合政府大統領ジェファーソン・デービスと、その高官と将軍たちは身柄を拘束されたが、北部は南北戦争を国どうしの戦争とは見なさずに、南部諸州の反逆行為と見なしてきた。

北部は、謀議を企てた反逆者たちを北軍側の捕虜虐待と殺害の訴因で裁くという構想を企図したからである。しかも北部は、デービス大統領たちの他に、各地で逮捕された収容所所長や職員たちも訴追の対象としてきた。

ワーズ所長の処刑

南北戦争の終結後、暗殺されたリンカーン大統領の替わりに大統領に就任した副統領のアンドリュー・ジョンソンは一八六五年八月に、南部諸州の政治家と将軍を訴追から外す命令を下したが、北軍捕虜虐待を命令したとして、ワーズ所長の訴追だけを認可した。

そして、八月二十一日から捕虜虐待と殺害の罪で、ワーズ所長の裁判が開始されたが、裁判長は、ワーズ所長が精一杯に捕虜収容所の環境改善に努力したという弁護側の主張よりも、検事側が用意した捕虜と近隣の住民の証言（ワーズ所長は乏しい食料と劣悪な衛生状態の改善を怠ったことや彼の命令で捕虜が殺害されたこと）のみを重視し、十一月六日に被告を絞首刑とする判決を下したのである。

その直後に、ワーズ所長の独房を北部政府高官の代理と名乗るものが訪れて、「ジェファーソン・デービスも捕虜虐待に加担していた、と証言すれば死刑からの減刑を施す」という偽証をワーズ所長に要求したが、彼はきっぱりと、この要求を拒絶したため十一月十日に処刑されたのである。

パール意見書の「時が、熱狂と、偏見を……」はワーズ大尉への鎮魂歌だった

北軍の敵意に満ちた偏見によって処刑されたワーズ所長の汚名をはらすために南部愛国婦人団体の「南部連合子女の会」ジョージア支部の手によってワーズ大尉の記念碑が建立されたのは、彼が処刑されてから四十三年の歳月が流れた一九〇八年五月十二日のことであった。

後に、東京裁判でA級戦犯被告全員に対して、無罪判決を唱えたパール判事は、意見書の末尾を、次のような一文をもって結んでいるが、この一文こそ、デービス大統領が記念碑の台座にワーズ大尉の冤罪をはらすために書いた彼への鎮魂歌だったのである。

「時が、熱狂と、偏見をやわらげた暁には、また理性が、虚偽からその仮面を剥ぎとった暁には、そのときこそ、正義の女神はその秤の平衡を保ちながら、過去の多くの賞罰に、その処《ところ》を

変えることを要求するであろう」

マッカーサーとパール判事の接点は南北戦争だった

マッカーサーが、ワーズ大尉へ捧げたデービス大統領の鎮魂歌まで知っていたかどうかは分からないが、少なくとも彼は、南部が北部に対して深い恨みを抱き続けていた理由を知っていたはずである。だからこそ、彼は東京裁判に反対したのであろう。

南北戦争後、南軍のワーズ大尉が、戦犯裁判で捕虜虐待と殺人罪という汚名を着せられ、北軍によって裁かれたように、大東亜戦争後、日本のA級戦犯も東京裁判で事後法によって連合国側に裁かれたのであるが、両者の接点は、これによって怨恨感情が生まれたことにある。

このことから著者は、マッカーサーとパール判事の東京裁判批判の根柢には、南北戦争という接点があり、それによって両者が一本の線で、つながることに驚きを禁じえないのである。

マッカーサーはなぜB級戦犯裁判に固執したか

連合国側が東京裁判で、A級戦犯を現行の国際法に規定されていない事後法によって裁いたのは、米国側主席検事キーナンが昭和二十一年六月四日に開廷された東京裁判の冒頭陳述の中で述べたように、将来の侵略戦争を食い止めるためであったとされている。

だが、これに対して、マッカーサーがあくまでもB級戦犯裁判に固執し、東京裁判を批判したのは、先に述べたように事後法でA級戦犯を裁いた場合、南北戦争後に南部が北部に抱いたような怨恨感情が日本人に残ることになり、侵略戦争を防止するどころか、反対に復讐心を煽る結果になることを懸念したからである。

別言すれば、彼らをA級戦犯として事後法で裁くよりも、ポツダム宣言にある通り、B級戦犯として、「通例の戦争犯罪」で裁いた方が、後に禍根を残さなくてすむと考えたからである。だが、これに対して、パール判事は、次のように、たとえ、A級戦犯を「通例の戦争犯罪」で裁いたとしても、一方的に戦勝国が敗戦国を裁くような裁判では、将来の戦争発生を防ぐことにならないとしている。

「戦勝国のみが裁判官となり、敗戦国のみが被告となるというような裁判、条約に違反する戦争を起こした国も勝利者となれば、戦敗国に向かって刑罰を加える権利をもつというような裁判が、将来の戦争発生を防ぐ喜ばしい効果を生ずることを認めない。この裁判が後世に残す教訓は、条約に違反する戦争をなした者は罰せられる、ということではなく、ただ戦争に負けるとひどい目に合うということだけである。このような教訓が、自国の武力を恃《たの》み、誤れるにもせよ称賛を抱く政治家・軍人を抑止する効果はないであろう。そして侵略戦争は、武力を恃《たの》む国によって起こされるのである」

元海軍大臣嶋田繁太郎副弁護人の瀧川正次郎（国学院大学名誉教授）は、その著書で「マッカーサー元帥のコレヒドール敗戦の復讐劇である東京裁判は、いともえげつなく演ぜられた」と述べているが、これまでの議論から、この言説がいかに誤解に満ちたものであるかは明白であろう。

もし、マッカーサーが東京裁判を復讐の場と考えていたならば、最初から東京裁判に反対するはずがないし、インドに一時帰国したパール判事の長期欠席を理由に、A級戦犯の無罪を主張する彼を東京裁判から体よく追放することもできたはずである。マッカーサーがポツダム宣言にある通りに、B級戦犯概念で彼らを裁くことにこだわったということは、それだけ彼が筋を通そうとする性格だったからに違いない。

こうした彼の性格を誤解する元になっているのが、次章で述べる昭和二十一年一月十九日に、マッカーサーの名で公布された「極東国際軍事裁判所条例」の中にある判決についての審査規定なのである。

第二章　東京裁判の審査と訴願の内幕

極東国際軍事裁判所条例には東京裁判の審査権が規定されていた

極東国際軍事裁判所条例にある東京裁判の審査権とは何か

著者は、序章で日本の民族派論者たちがマッカーサーを批判する根拠として東京裁判の判決に対するマッカーサーの審査権放棄の問題があることを指摘した。

では、彼らの言っている審査権とはいったい何だろうか。

この「極東国際軍事裁判所条例」の第十七条には判決について、公開の法廷で宣告されるものとし、審査については連合国軍最高司令官に対して、いつでも宣告刑を軽減し、刑の加重以外での変更を認めることが規定されているが、上訴審を認めることは明記されていない。

日暮は、これについて、次のように説明している。

『東京裁判の「判決」とは、多数判決のことである。ニュルンベルグ憲章第二十六条には「裁判所の判決は最終であって、再審査を許さない」とある。極東憲章には同様の再審禁止規定がないが、これはマッカーサーの刑変更権が「再審査」と表現されたからにすぎず――ニュルンベルグ裁判でも連合国管理理事会が刑変更権を有し、刑を確認した――、ほかの司法機関が「再審」できるという意味ではない。開廷前の検察側も、被告には再審の訴願権はないと考えた。また制度を別にしても、東郷茂徳が「東京裁判の判決は……変更するのは不可能です。そうなれば、アメリカ政府、SCAPはフィアスコ（混乱状態）に陥るでしょう」と述べたように、「再審」はありえない（東郷茂彦『祖父東郷茂徳の生涯』）。

要するに東京裁判の多数判決は上訴審のない確定判決なのである』

一方、前出のマイニアは、「極東国際軍事裁判所条例には、裁判所の判決が連合国最高司令官ダグラス・マッカーサー元帥の審査を受ける、との規定が含まれていた。……もっとも極東委員会の政策決定によれば、この審査に際して、マッカーサー元帥は同委員会構成諸国の駐日外交代表と協議しなければならないとされていたが、そのことは条例に明記されてはいなかった。この政策決定は、裁判の初期には秘密にされていた。だがこの決定は、東京裁判の政治的性格を強める役割を果たした。つまり裁判所の判決は、行政的な審査を受けるばかりか、すでに裁判の過程で参与検察官や裁判官によって代表されていた諸国の外交的協議をも受けることになっていたわけである。ニュルンベルグ条約には、かような規定は存在しなかった」と述べ、東京裁判が一般の司法裁判とは違って、いかに政治的な裁判であったかを指摘している。

マッカーサーも回想記で、「裁判手続きを審査することは私の仕事だったので、私はまず当時東京に代表部をもっていた各連合国の代表たちに会って、その意見を確かめた」と述べているし、当時、対日理事会の米国側代表とGHQ外交局長を兼任したウィリアム・J・シーボルトも回想記で、マッカーサーには「減刑または刑を変更する権限が与えられている。ただし、刑を重くすることだけはできない」と述べていることから彼の権限はあくまでも、裁判手続きの審査と刑の変更（軽減若しくは刑の加重以外の変更）を行うことであって、裁判のやり直し、即ち上訴審の権限はないことは明らかである。

マッカーサーはなぜ東京裁判の判決と宣告刑を支持したのか

裁判審査の実施

昭和二十三年十二月一日付『朝日新聞』によれば、マッカーサーは十一月十二日に、A級戦犯に判決が下されると、「対日理事会会員と同裁判所に代表を送っている全連合國政府の在東京使節團々長に、判決に関して十一月二十二日に助言をし協議するよう要請」したが、シーボルトは回想記で、結局、各国代表は判決の結果を圧倒的に支持したと述べている。

翌日、マッカーサーから翌朝発表する予定の刑の再審結果を発表するために書いた以下のような審査書の内容を聞かされたシーボルトは、東京裁判の結審における各国裁判官の判決や対日理事会における各国代表の意見が、必ずしも一致したものではなかったにもかかわらず、彼が東京裁判の判決（多数判決）と宣告刑を支持した決定を最後に下したことを知るのである。

「私は長い間の公的な生活で、数多くの辛く、さびしく、みじめな任務を果たしてきたが、極東国際軍事裁判の日本人戦争犯罪に対する判決を審査することほど、私にとって不愉快きわまるものは、かつてない（傍線は著者、以下同様）。

この画期的な裁判は国家活動を託されている者たちに対する国際的な道義の基準を定め法典化することを目的とするものだが、この裁判のもつ人類普遍の基本的な事柄を評価するのは私の目的ではなく、また私はそれに必要な卓抜した英知も持ち合わせていない。この問題は人類が歴史以前から解決に苦しんできたものであり、永久に完全には解決されないだろう。この問題について、私に与えられている当面の義務と、限られた権限の範囲で、私は次のことだけを申し述べたい。関係連合国が詳細にわたって示している諸原則や手続きに照らしてみて、裁判自体の進行には、下された判決に干渉するに足るだけの手落ちは何一つ見当たらない。

人間の下す裁決は完全ではあり得ないが、判決を生みだすまでにこれほど周到にあやまちを避ける措置を講じた法的な手続きは、他には考えられない。

多くの人が、この判決と意見を異にするのは避けられない。裁判を構成した博学な裁判官諸氏ですら完全に同じ意見ではなかった。しかし、現在の不完全な文明社会の進化の過程において、この軍事裁判ほどその誠実さを信頼できるものは他にないと信じる。私は第八軍司令官に刑の執行を命じる」

昭和二十一年から第二復員省臨時調査部に勤務し、東京裁判の法廷係として全審理を傍聴した元海軍少佐の冨士信夫は、「新聞に発表されたこの声明文を読んだ時、私は何と空々しい内容か、と率直に感じた。

彼マッカーサー元帥は、刑の宣告終了からこの声明文の発表をOKするまでの間に、恐らくパル判事の意見書は読んでいなかったのであろう（傍線は著者）。もし読んでいたとしたら、しかして彼が正常な神経の持主であったとしたら、こんな空々しい内容のものを自己の声明文として発表はできなかったはずである」と怒りをあらわにしている。

だが、ウエッブ裁判長（オランダ）が、十一月四日から七日間かけて多数意見の判決を朗読した後、パール判事（インド）、レーリング判事（オランダ）、ベルナール判事（フランス）、ハラニーヨ判事（フィリピン）と自分が提出した意見については表明することなく、最後に「これらの文書は記録に止め、また最高司令官、弁護人、及びその他の関係者に配布される」と述べていることから、マッカーサーがパール判事らの意見や他の判事の多数意見の要約を読んでいないとは考えにくい。

現に、マッカーサーは審査書で、「裁判を構成した博学な裁判官諸氏ですら完全に同じ意見ではなかった」と言っているのである。

確かに、マッカーサーの審査書を読むと、一見して東京裁判の判決を正当化しているようにも見えるが、彼の真意は審査書にもあるように、不愉快であったことは間違いないはずである。

このことは、元駐タイ大使の岡崎久彦がマッカーサーは東京裁判を「立場上無理に正当化しているが、行間ににじみ出ているマッカーサーの真意はあらためて解説するまでもないのである」と述べていることや、先述したコートニー・ホイットニー准将も回想録で、次のように、マッカーサーの真意を補足していることからも明らかである。

「占領行政運営期間中、極東国際軍事裁判の判決に従って行動しなければならないという義務ほど、マッカーサーに深い懸念を与えたものはおそらくあるまい（傍線は著者、以下同様）。……敗戦国の政治指導者を戦争責任で有罪にするという原則は、マッカーサーにとっていやなものであった。そうすることは、刑法の最も基本的な規則に違反するものだと彼は感じていた。開戦の決定をした日本の政治指導者を有罪とするならば、真珠湾攻撃の責任追及だけに限るべきである。なぜなら、これは国際法や国際的慣習によって必要とされる事前の宣戦布告なしで行われたものであるから。そう彼は感じ、その旨勧告した。したがって、一九四六年一月四日《ママ》、東京で始まった国際軍事裁判の実際の裁判手続きに関するいっさいの責任から解放されたことを彼はよろこんだ。……マッカーサーはこれらの判決を伝え、刑を執行せねばならなかったが、元帥としては、この任務から解放されたことがうれしかったであろう。しかし、他にどうにも仕方がないので、元帥は、自分の義務を遂行するに当って、戦争がまったく無益のものであることを再び訴え、日本国民に対して、彼らのかつての指導者に対する判決は復讐と懲罰の精神から行われたものでないことを印象づけるように努力した」

マッカーサーはなぜ裁判の減刑権を行使しなかったのか

ここで、われわれは、マッカーサーがなぜ東京裁判の判決と宣告刑を支持し、自分に与えられた減刑権を行使しなかったかについて、注意深く検討してみる必要があるだろう。

例えば、前出のマイニアは、その著書で、この問題について、『第一に、マッカーサー元帥は法律的な訓練を受けていなかったために、各国の任命した裁判官を信頼せざるをえなかった。第二に、マッカーサー元帥は法廷の仕事にざっと目を通すだけの時間的余裕しか持たなかった。第三に、マッカーサー元帥は「戦争の空しさ」を強烈に印象づけられた状態で、判決の審査にあたった。そこでかれは、戦争の空しさを全世界に印象づけるような措置に、関心を懐いた』という見解を述べているが、判決後に配布されたパール判事の意見書の要約を読んだマッカーサーが、事後法による東京裁判を批判した彼の主張に心が動かされることはなかったと考えるのは無理があるだろう。

その意味で、ホイットニー准将も述べているように、マイニアの挙げた見解は的を射たものではないことは確かである。

またマッカーサーから翌朝発表する予定の刑の再審の結果を聞いてから帰宅したシーボルトは回想記で、『元帥は、明らかに深い感動をうけ、自分の下した再審の決定に、胸せまる思いの様子だった。私もまた、元帥と同じ気持ちだった。元帥がそんなにも深い感情を表に出したのをこれまで見たことがなかった。ほとんどささやくように彼はいった。「ビル、これはまことに、困難な苦しい決定だったよ。」

その夜、マッカーサーの決定のことを思い出して、眠れなかった。そこで私は、刑の執行によって、日本国民にどんな影響が現れるだろうか、それを分析してみようとした。一、二件減刑し、温情によって裁判の厳しさを緩和する方が賢明ではあるまいか、と私は思った。このことによって、日本の国家的面子も救われるだろう。しかし、裁判所の権威をそこなわずに、減刑を実施することが可能だろうか（傍線は著者）。この疑問に満足のゆく答えをうることはできなかった。そこで私は、この判定が私の行ったものでなかったことに、感謝したい気持ちになった』と、この時のマッカーサーの様子を述懐しているが、マッカーサーが戦いに敗れた国の政治指導者に対して犯罪の責任を問うというやり方が、きわめて不愉快であったにもかかわらず、東京裁判の判決と宣告刑を支持し、自分に与えられた減刑権を行使しなかったのは、シーボルトの言った「裁判所の権威」を保つことに理由があったわけでもないと思われる。

そこで、われわれは、もう一つの可能性を検討しなければならないだろう。それは、マッカーサーに与えられた「権限の問題」である。

名目上のものに過ぎなかったマッカーサーの審査権

前出の戸谷がマッカーサーには一見すると、「極東国際軍事裁判条例」によって様々な権限が集中しているかのように見えるが、「実質的には、その権限のほとんどは名目上のものだった」と述べていることは既に言及した。

このことからも、マッカーサーには「判決と量刑を審査し、刑を承認あるいは軽減する権限」が形式的に与えられているに過ぎなく、彼の言葉にもあるように、実際には「ただ法廷の最終判決を伝達し、刑を執行する」義務しか与えられていなかったことが分かるのである。

また、このことは、マッカーサーの審査書にある「限られた権限の範囲で」という言葉や戸谷の「むしろウエッブは司法の独立を守ることにつよい信念をもち、元帥が裁判所の決定に介入しようとするならば、それを阻止するための確固たる立場をとる準備をしていた」という記述、そして東京裁判で、インド代表のパール判事とともに少数意見を提出したオランダ代表のレーリング判事が、その著書でマッカーサーがA級戦犯を減刑しなかった理由について、次のように述べていることからも明らかである。

『彼は多数派判決を保持するように命じられていたのかもしれません。それが真相だと思います。しかし、私は後に、重光が外務大臣として再びアメリカを訪問したおり、マッカーサーが彼に語った言葉に仰天しました。マッカーサーは「私はあなたが潔癖であり、あなたの有罪判決は間違いであったと常に確信していました」といったのです。それならなぜ彼は判決の変更を拒否したのでしょうか？　私の反対意見には、マッカーサーが変更にあたって必要な論点がすべてあったはずです』

形式的なものに過ぎなかった山下・本間両裁判に対するマッカーサーの審査権

以上のことから、東京裁判の前に行われたB級戦犯の山下・本間両裁判に対するマッカーサーの審査権も、東京裁判の審査権と同様に、形式的なものに過ぎなかったことが考えられるのである。

なぜなら山下大将に判決の言い渡しがあった直後、彼の弁護人だったフランク・リール大尉がマッカーサーに対して、「減刑勧告文」を書いて再審記録に添付し、その中で、軍事裁判官の決定の弱点と決定の基礎になった「証拠」があてにならないことを指摘したにもかかわらず、マッカーサーは回想記で、東京裁判の審査書と同じように、山下裁判の判決に対して次のように、本音とは異なった意見を立場上無理に正当化して書いているからである。

「大規模な軍事行動で敗れた敵に対して刑罰の判定を下すのは、私にとって容易なことではない（傍線は著者）。私は裁判手続きの審査に当って山下将軍に有利な情状酌量の余地を探し求めたが、そのような余地は全く見当たらない。……裁判は偏狭なやり方や強引な技術的操作を排して完全な真実を確かめるという、すべての法の目的の中の最も重要な原則にそって行われた。それから得た結論は論難の余地がない」

マッカーサーは、リール大尉の指摘があっても、前述した「限られた権限の範囲で」形式的な審査を行うしかなかったからこそ、山下大将に対する判決にも「復讐と懲罰の精神から行われたものでないことを印象づけるように」審査書に書くしかなかったのだろう。

本間中将の場合も、山下裁判と同じように、「ただ法廷の最終判決を伝え、刑を執行する」義務しかなかったマッカーサーは回想記で、直接寛大な措置を訴願する機会を得たいと言ってきた本間夫人との「会見は私の生涯でいちばんつらい時の一つとなった。私は夫人に、個人的には心から同情し、夫人の深い悲しみがよく分かると述べた。私はまた、戦争というものが、いかに邪悪に満ち、それに何の関係も打つ手ももたない夫人のような人たちへいかにみじめな結果を及ぼすかが、これほど深刻に示されたことはないと語り、夫人の発言を深く考慮することをつけ加えた」と述べているが、結局、彼は裁判が復讐と懲罰の精神から行われたものでないことを印象づけるため、次のような審査書を書くしかなかったのであろう。

「私はまたもや、大きな戦いでのかつての敵に最後の審判を下すという不愉快な義務を課せられた（傍線は著者）。……本件を審査するに当たって私は、本法廷の裁判権のみならず、裁判の方法と妥当性をも否定した米連邦最高裁判所判事諸氏の少数意見を慎重に考慮した。……これほど公正に行われた裁判はなく、これほど被告に完全な弁護の機会が与えられた例はこれまでになく、またこれほど偏見をともなわない審議が行われた例もない。集められる限りの事実が集められて、法廷に提出された。技術的な操作によって完全な真実のかわりに一部の真実だけを提出し、あるいは一部の真実をゆがめて真実そのものをぼかしてしまうことによって、本法廷の判断を狂わせ、混乱させて、不確かな判決を下させたというような事実は全くない。それどころか、本裁判は一点の曇りもない真実、完全な真実、なんの虚構もともなわない真実の光の中で行われた」

作家の工藤美代子は、「戦争に勝った今、マッカーサーはフィリピンの人々のためにも、どうしても山下と本間を死刑にしなければならなかった。特に本間は、かつての自分を破ったただ一人の将軍である。マッカーサーが強い復讐心に後押しされて指令を発したことは想像に難くない」と述べ、また元駐日アメリカ大使のエドウイン・O・ライシャワー博士も、ローレンス・テイラーの『将軍の裁判』（立風書房）の中で描かれたマッカーサーの人間性について、「軍事法廷で裁かれた山下および本間と並んで、本書ではマッカーサー将軍も裁かれている。……そしてマッカーサーについては、その二重人格の影の部分が浮き彫りにされ、彼がいかに狭量で、もったいぶった、そして復讐心にとらわれた人間であったかが示されている」というコメントを述べているが、この二人には、マッカーサーの「権限」についての考察が全く欠けていることは言うまでもないだろう。

映画『私は貝になりたい』のモデル、加藤哲太郎元陸軍中尉の命を救ったマッカーサー

実は、マッカーサーは在任中の昭和二十四年五月十六日に、米兵捕虜刺殺の罪でBC級戦犯に指名された元東京捕虜収容所第五分所（新潟）所長の加藤哲太郎元陸軍中尉に対する第一審の死刑判決（昭和二十三年十二月十八日）に対して、唯一の「原審破棄再裁判」を決定しているのである。（『朝日新聞』昭和二十四年五月二十四日付）

後の昭和三十四年に、映画化された『私は貝になりたい』（東宝映画・監督橋本忍）のモデルとなった、この加藤元中尉の死刑判決は、マッカーサー指令の要求する証拠によらず、被告に不利な証拠で行われたという理由で、マッカーサーによって、第一審の判決が破棄され、再審によって新たに終身刑の判決を受け、そのまま巣鴨で服役中に、第二審の書類審査で三十年の刑に減刑されたのである。

この減刑を実現させた背景には、家族による熱心な嘆願運動があったことや、被告に有利な証拠が新たに発見されたことがあったことは確かであるが、減刑を可能にさせた一番の理由は何よりも、このBC級裁判が東京裁判や本間・山下両裁判のような政治的裁判ではなかったことが考えられるのである。

著者には、こうしたマッカーサーの「権限」に対する誤解が、彼の人間性に対する負のイメージを形成する一つの要因となっているように思えてならないのである。

米連邦大審院はなぜ訴願提出を却下したのか

弁護団による減刑訴願の提出

かくして、東京裁判の判決は、マッカーサーの形式的な審査を経て確定され、執行されることになったが、マッカーサーは判決の後、「国際軍事裁判所の裁判に付された全被告のためのあらゆる訴願は十一月十九日までに提出する」ように指示していた。

これを受けて「ニューヨークのウィリアム・ローガン、ワシントンのデヴィッド・スミス両弁護士は二十九日米大審院（著者注：米国連邦最高裁判所）に廣田、土肥原両被告に対する絞首刑の判決を再審するよう訴願した」（『朝日新聞』昭和二十三年十一月十三日付）

両弁護士は、絞首刑の判決を受けた他五名（東條、松井、板垣、木村、武藤）の訴願については提出しなかったが、禁固刑の判決を受けた五名（木戸、岡、佐藤、嶋田、東郷）の訴願を出すと述べ、今度の訴願では東京裁判の合法性を疑問とし、刑の執行を延期してワシントンで聴取を行うよう要請したのである。

A級戦犯の訴願はこうして却下された

この訴願を十二月六日に、五対四の表決で受理することに決定した「米連邦大審院は、同時に終身禁固刑の判決を受けている木戸、岡、嶋田、佐藤および禁固二十年の東郷ら五戦犯の訴願についても聴取することに決定した」（『朝日新聞』昭和二十三年十二月八日付）

この米連邦大審院の決定に従って、マッカーサーは、「七日UP記者に対し東條以下の処刑は大審院が廣田、土肥原両戦犯の訴願について何らかの措置を終わるまで行わない旨言明し」、

「UP通信社の質問に答え七戰犯の処刑延期に関する十一月三十日の声明には何らの変更もないと述べた」が、アメリカ政府は米連邦大審院によって実現した再審訴願を妨害するため十六日正午に開廷する米連邦大審院に対して、次のような再審拒否の要請を行ったのである。

「もし大審院がこうした誤りを犯すならば、國際的紛争の平和的法律的解決と世界法の確立に打撃となるばかりでなく、陳述の活動のような國際協調的な努力もまた害を受けるであろう。事実國際問題の発展には最も不幸な結果が予想される、よつて大審院は去る十一月十二日禁固刑を受けた日本戰犯五名ならびに絞首刑の判決を申渡された二名のために米國の弁護人によつて提出された訴願を拒否するよう要請する、極東國際軍事裁判所は連合軍最高司令官マックアーサー元帥によつて非合法的に設置されたものであると弁護人側はいつているが、米大審院は戰争中の連合國と戰犯を処罰すると申合わせたような大統領の軍事的政治的な決定を再検討するような権限は持つていない（傍線は著者）」（『朝日新聞』昭和二十三年十二月十七日付）

さらに、米国務省と極東委員会も、東京裁判の合法性について次のような公式発表を行っている。

「米國務省ならびに極東委員会は、十五日米司法省に対し、極東國際軍事裁判所は合法的に設置された國際法廷であると考える旨公式文書をもつて通告した、右の通告は司法省の要請に対して行われたもので、米政府は十六日の大審院における聴取会にさいし大審院は東京裁判の判定を再審査する権限はないとの申し立てを行うはずだが（傍線は著者）、國務省ならびに極東委員会の今回の措置によつて政府側の態度は強められたわけである、なお極東委員会の要請にこたえただちに特別会議をひらき満場一致で右通告を決定したものである」（同前）

こうした圧力を受けた「米連邦大審院は日本戰犯の処刑には介入する権限なしとして訴願を却下するとともに」、十二月二十日に六対一（棄権一、保留一）の表決で決まった判事の多数意見を次のように発表した。

「われわれはこれら訴願者に刑の宣告を下した裁判所は米國の裁判所でないとみとめる、米議ならびに他の連合諸國は日本を打ち負かし、いまやこれを占領し管理している、マックアーサー元帥は選ばれて連合軍最高司令官として行動している、これら訴願者に刑の宣告を下した軍事裁判所は、マ元帥によつて設立されたものであるが元帥は連合國の代理者として行つたものである、したがって米國のいかなる裁判所もこれら訴願者に対し下された判決および宣告を再審査し、承認し、または無効とする権限をもたない、よつて人身保護令の発効を要請する今回の訴願を却下する（傍線は著者）」（『朝日新聞』昭和二十三年十二月二十二日付）

では、米連邦大審院は、なぜこの訴願を拒否したのだろうか。その理由として、前出のマイニアは、その著書でダグラス裁判官の言説を引用して、次のように説明している。

「極東国際軍事裁判所が行政府に属する軍の機関として機能したことは、容易に結論できる。

この裁判所は、連合国最高司令官がそれを設置した軍令のなかで述べた意図に、呼応する裁判所であった。極東国際軍事裁判所は、裁判所の設立者から法を与えられたのであって、中立人の権利を国際法に基づいて審理しうる、自由かつ独立の裁判所ではなかった。それゆえに、パル裁判官が述べたごとく、極東国際軍事裁判所は司法的な法廷ではなかった。それは政治権力の道具にすぎなかった。アメリカがかような裁判所に参加したことに関して、憲法上の疑義は生じない。真珠湾攻撃の責任者たちを逮捕し監視することは、政治的な問題であって、つまるところ、アメリカ全軍の最高司令官であり外交政策の決定者である大統領の権限に属する問題だから、である」

このダグラス裁判官の言説を補足するかのように、GHQ外交局長のシーボルトも回想記で、「とにかくマッカーサーは、極東国際軍事裁判所のような国際裁判所の判決を再審する管轄権は、米国の最高裁判所にはないことを、確信しているように思われた」と述べているが、米連邦大審院が訴願を拒否した背景には、やはり政治的権力の道具にすぎない東京裁判の判決を再審する権限は、米連邦大審院にはないとの判断があったことは間違いないはずである。

こうして、マッカーサーは十二月二十一日に、米連邦大審院からA級戦犯の訴願却下の通告を受けると、A級戦犯容疑者七名（東條英機、土肥原賢二、広田弘毅、板垣征四郎、木村兵太郎、松井石根、武藤章）を二十三日木曜日早暁、巣鴨拘置所において処刑することを命じるのである。

マッカーサーは回想記で、「戦犯七人の処刑の予定が発表されるや否や、死刑執行の場面を新聞写真に撮らせて欲しいという依頼が私のところへ殺到してきた。私はそのような写真は日本人及び世界中の良識をもつ人々の感情を害するという理由で拒否した。

この私の決定を覆して欲しいという要求が陸軍長官に持込まれたが、私はこの問題では米国の軍人としてよりも、国際的な資格で行動しているのだといって、やはり応じなかった。

さわぎはやがておさまったが、刑が実際に執行されたことを世界中に納得してもらうため、私は対日理事会の代表たちに処刑に立ち会うことを求めた。全代表があまり気の進まぬ風だったが、応じてくれた」と述べている。

この記述から、「権限」の制約によって心ならずも、A級戦犯を救えなかったマッカーサーは、彼らの名誉を護るために、死刑執行場面の写真撮影を拒否すると同時に、東京裁判を仕掛けた対日理事会三名の代表者（オーストラリア代表のP・ショウ、ソ連代表のK・デレビヤンコ、中国代表の商震）を処刑に立ち会わせることで、東京裁判に対する鬱憤を晴らそうとしたことが分かる。

現に、ウイロビー将軍は、昭和四十三年十月に行われた週刊新潮編集部のインタビューの中で、マッカーサーが対日理事会の代表とシーボルトを代理人にして処刑に立ち会わなかったのは、彼が「戦犯裁判に反対だった」からだと証言している。

だからこそ、心ならずも刑の執行を命じなければならなかったマッカーサーは、彼らに対する餞《はなむけ》として、あえて彼らの敬愛する次期天皇である皇太子の誕生日（十二月二十三日）を処刑日に選んだのであろう。

第三章　天皇はなぜ不起訴になったのか

マッカーサーはなぜ天皇の訴追を回避しようとしたのか

マッカーサーが天皇の訴追を回避させたというのは本当か

昨年、アメリカで昭和天皇の戦争責任を題材にした『終戦のエンペラー』（監督ピーター・ウェーバー）という映画が製作され、いよいよ日本でも今年の七月に上映されるようである。

著者は、第一章で終戦後の八月三十日に、神奈川県の厚木飛行場に側近とともに到着したマッカーサーが直ちに、対敵諜報部隊長のエリオット・ソープ准将に対して、戦犯裁判に関する条項履行の第一段として、東條英機元首相以下三十九人の戦犯容疑者の逮捕令を下したことについて記述したが、その戦犯リストの中に天皇が入っていなかったことはあまりにも有名な話である。

昭和二十年九月二十七日に、マッカーサー（左）と初会見した昭和天皇（右）

これについて、戦後の日本では、マッカーサーは連合国側が裁こうとした、もう一人の人物——天皇をあらゆる手段を尽くして戦犯のリストから外すように働きかけたことで、天皇の訴追が回避されたという見方が定説となっている。

まだ映画を見ていないので、内容についてのコメントはできないが、この映画の原作となった作家岡本嗣郎の著書では、マッカーサーから天皇を戦犯として起訴するための証拠があるかどうかを調査するように命じられた側近のボナー・フェラーズ准将が、知人の河井道（恵泉女子学園の創立者）からの助言（「もし陛下が殺されるようなことがあったら、血なまぐさい反乱が起きるに違いありません」）に従って、後日、天皇不起訴の覚書をマッカーサーに提出したことによって、天皇に対する戦争責任の追及が回避されたことになっているが、事実は決して、そのようなものではない。

前出の戸谷によれば、天皇が不起訴になった理由として、「元帥自身が、自分こそ天皇を訴追から守ってきたという類の発言をたびたびしてきたため、史実確定を困難にしている」という事情があることを指摘し、マッカーサーが天皇の訴追を回避させたという定説に対して、次のような反論を行っている。

「東京裁判が行われて以来、裕仁天皇が不起訴になった理由はマッカーサーが政治的判断をくだして免責したからだといわれており、主要な概説書もこれを史実として論じてきた」

マッカーサーの回想記の中に、「ワシントンが英国の見解に傾きそうになった時には、私は、もしそんなことをすれば、少なくとも百万の将兵が必要になると警告した。天皇が戦争犯罪者として起訴され、おそらく絞首刑に処せられることにでもなれば、日本中に軍政をしかなければならなくなり、ゲリラ戦がはじまることは、まず間違いないと私はみていた。けっきょく天皇の名は、リストからはずされたのだが」とあるように、「マッカーサーが裕仁天皇を訴追しないよう自国政府に進言したのは、これは事実である。一九四六年一月下旬、元帥はそのころ陸軍参謀総長だったドワイト・D・アイゼンハワーに電報を送り、天皇を裁判にかけた場合に起こりうる深刻な影響について警告している」

たとえば、元帥は、「彼［天皇］を訴追すれば、日本国民のあいだで激しい動乱が起こるのは疑いなく、その波紋を過少評価することはできない」とか、「彼を破壊すれば［日本］国家は破壊するだろう」とか、また「その結果、何世紀ものあいだ継続するあるいは終始のない復讐闘争が始まるだろう」という、破滅的な将来を予見しているのである。

マッカーサーの権限にはやはり制約があった

ここから、マッカーサーが河井道の助言に従って、天皇訴追の回避に努力したのは天皇を訴追すれば、何世紀にもわたって日本人の復讐闘争を煽る結果になると危惧したことにあったことが分かる。

一方、前出の児島は、その著書で「米国は、既述の如く、すでに天皇を戦犯法廷にひきださない方針を定めていた」と述べ、また東京裁判で通訳を担当した日系人情報将校のデイブ・伊丹明の友人だった木梨幸三も、その著書で『細部はともかく、ニュールンベルグ裁判で適用された条例と、極東軍事裁判の条例との間には顕著な差が一つあった。

それは、ナチス・ドイツの場合、国家元首について、「元首と言えども免責せず」という条項が明記されているのに対し、日本の場合には「国家の元首」についての条項は何一つないということである。これは連合軍総司令部の天皇に対する態度がすでに早くから決定していた事実を示していると解釈できる』と述べているが、戸谷は、その著書でマッカーサーの警告とは関係なく、次のように、アメリカ政府が天皇訴追の方針を保持した経緯を説明している。

「元帥の警告をうけた米国政府側がそれにもとづいて裕仁免責の方針を決意したというあきらかな証拠は見あたらない。むしろ一次資料はその反対を示唆している。すなわちマ元帥の警告後、政府当局は現行方針の改正を示すような新しい指令をなんらくだしていないばかりか、約二カ月後に開催された極東委員会の協議のあと、従来の棚上げ方針の続行を再確認する指令をあらためてマッカーサーに通達した」

「実際アメリカをふくむ連合国は当初から天皇の免責をゆるさず、天皇訴追の可能性を東京裁判が開廷するまえの一九四五年夏から占領軍が撤退した一九五二年四月まで、方針として基本的には保ちつづけたことがわかるのだ。では、天皇が不起訴におわったというこの歴史的事実をどう説明したらいいのだろうか」

そもそも「極東裁判を計画するにあたって連合国がまず解決しなければならなかった問題は、裕仁天皇（一九〇一－一九八九）に対する処置をどうするか決定する」ことだったが、「連合国指導者は天皇を通常の戦犯容疑者と同等あつかいせず、むしろ特殊容疑者として、あえて別個の方針をもうけた」のである。

「この背景には、一九四五年の敗色色濃い状況にありながら、天皇が日本国民に対して絶大な権威を保持しつづけていたことが関係していた。日本敗戦後の極東で、その秩序と安全を再構築していく責任と政治的利害のあった連合国は、日本の国家元首を戦争犯罪人として即刻断罪するわけにはいかなかった。そのかわりにこころみたのは、この人物が法のみならず政治・軍事すべての分野におよぼす影響を見定め、そのうえで天皇処置というデリケートな問題にとりくむことだった」のである。

さらに戸谷は、マッカーサーの警告にもかかわらず、「政府当局は現行方針の改正を示すような新しい指令をなんらくだしていないばかりか、約二カ月後に開催された極東委員会の協議のあと、従来の棚上げ方針の続行を再確認する指令をあらためてマッカーサーに通達した」のは、「天皇の訴追にかんする政策決定の権限が形式上も実質上もマ元帥になく、むしろその上官にあたる米国ならびに連合国の指導者たちにあったことにもとめられる（傍線は著者）。また実際問題として、太平洋全域の安全保障を左右しうる極東最大の重要事件に関する政策決定を、トルーマン米大統領をふくむ各国指導者が一将官――それがたとえマッカーサーとはいえ――に委託したとは常識的にも考えにくい」と述べ、ここでも、マッカーサーの「権限」の制約についての問題に言及しているのである。

天皇訴追をめぐるオーストラリアと英米の相克

さらに戸谷は、「このような力関係を視野にいれると、天皇不起訴にたいする経緯を解明するには、マッカーサーを越えたもっと高次の連合国外交に注意をむけなくてはならない」ことを指摘し、次のように当時の連合国側の中で、オーストラリアが最も天皇訴追に熱心だったことを述べている。

オーストラリアは、第二次大戦において英米の重要な軍事同盟国だったが、対戦中、「英米などの大国から外交上は軽視されがちで、ポツダム宣言をふくむ高次の多国間協議にも招かれていなかった」ことから、「当時オーストラリア政府の最大の関心事は、日本降伏を目前にして、天皇と天皇制の責任問題に連合国がどのような方針を決定するか見定めて」、「英国をつうじて自国の見解を連合国側政策にはっきりと反映させようとした」

そのオーストラリアの見解とは、「英・米政府が天皇を日本の即決降伏を獲得するための便宜的手段とみなしたのに対し、豪州政府はおなじ人物を、後世における侵略戦争と残虐行為再発の火種になりかねない軍事的脅威」とみなしていることにあり、ここに当時の連合国側の中で、オーストラリアが最も天皇訴追に熱心だったわけがある。

だが、最終的に、ポツダム宣言に対する日本政府からの「日本国天皇の主権はこの宣言［ポツダム宣言］によって侵害されないと理解する」という補足事項を含む「条件つき無条件降伏受諾」の意向に対して、日本政府に通達された四カ国（米英中ソ）の返答文書には、オーストラリアの意向は反映されず、「返答には天皇戦争責任についてはなんら明言がなく、裕仁が降伏文書調印式に直接参加しなくてもよい、という一種の妥協までふくんでいた」のである。

このように終戦の間際に、「天皇に対して、いかなる措置も講じない」という保留・棚上げ方針を打ち出した四カ国とマッカーサーの思惑は、天皇の不起訴という形で一致していくが、英国首相アトリーがオーストラリア首相J・B・チフリーに対して、天皇不起訴の事情を説明した文書を送っても、オーストラリアは簡単に引き下がったわけではなかったのである。

日本政府に通達された四カ国の返答内容は、『たしかに天皇の責任問題に言及していなかったが、「天皇を免責する」という類いの約束ないし保証もふくんでいなかった』からである。

マッカーサーも、このことから「天皇の戦犯指名問題を処理する権限が、対日理事会のみならず連合国最高司令官たる自分自身にもないことを認め」、「天皇訴追の可能性は高次レベルの政策方針上いまだに存在しつづけていると理解し」たのである。

天皇不起訴はこうして決まった

天皇不起訴の決定

戸谷は、こうした中で、四カ国間で天皇の不起訴が最終的にどのような形で決定されたかについて、次のように述べている。

「そののち、連合国のいずれも具体的な議論をはじめようとせず、天皇の戦犯問題の保留状態はつづいた。けれども一九四八年なかばになって、太平洋側の戦犯裁判の方針一般についての政策修正が極東委員会で検討された。発議者はニュージーランド代表のG・R・ポールズで、太平洋地域での裁判終了をすすめる案を提出したのだった。具体的には、すべての訴追努力に連合国共通の期限をもうけることを提起し、暫定的に一九四九年六月三十日を期限日に指定した。極東委員会がこの案を承認すれば、それまで逮捕・訴追をまぬかれていた戦争犯罪人は、期限後一律に免責を許されることにな」り、この案が通れば、天皇にも適用される可能性が出てくることになるわけである。

『極東委員会はニュージランド案を受けてその審議にはいったが、参加国に切迫した意識が欠けていたのだろうか、なかなか最終決定をくださなかった。ようやく翌年一九四九年になって、もとの提案を二分して修正をくわえたふたつの方針が合意にいたった。ひとつは、同年二月二十五日に決定され、「極東委員会の政策決定にある一段落Aセクション下に類別してある犯罪に関しては日本の戦争犯罪人をこれ以上追及しない」という決定である。つまり、太平洋地域では東京裁判以外のA級戦犯裁判、いいかえると、「平和に対する罪」にかんする訴追努力はこれ以上おこなわれないということだった。但し書きがとくに付与されていないので、この政策は戦犯容疑者に一律に適用されると考えられよう。その場合は、裕仁天皇がA級戦犯として訴追される可能性も、極東委員会の政策上なくなったとみなせる』のである。

その後、天皇が細菌部隊を設置することに個人的に関与したとして「ＢＣ級容疑」での訴追を求めてきたソ連に対して、「かつて天皇問題について英米と対立していたオーストラリアも」、否定的な態度をとった。「この背景には、やはり大戦後の東アジアで強国間の勢力均衡に大きな変化があったことが指摘されよう。……こうした状況下、オーストラリアは英米との協調体制を強めていったのだった」

ソ連案に対して米国の方針も、「とりあわないことだったので、二国間になんら外交上の発展はみられなかった。しかし十二月の伝達以後、ソ連政府は天皇の裁判案にふれなくなり、また西側諸国の予測に反して極東委員会に正式な審議を要請することもなかった。そのため天皇を裁判にかけるかどうかの問題は、国家間の外交交渉から立ち消えになった。……極東委員会内で天皇裁判案を提唱する国はそののち現われず、やがて連合国が日本から占領軍を引きあげるときがきた」のである。

次の第二部では、これまでの説明を踏まえて民間検閲支隊（ＣＣＤ）による言論検閲の実態を検証した後、「東京裁判は誤り」が公表されるまでの経緯を説明しながら、本書のメイン・テーマである「東京裁判は誤り」の謎と真実を明らかにしていこう。

第二部　ＧＨＱの設置と言論検閲の実態

アメリカはこの先、日本の協調を必要とすることになる。この重大事、しかも終戦から三年後に、日本の著名人たちを絞首刑にするのは馬鹿げているように自分には思える。もし連合国が敗れていたとしたら、同じ理由でローズヴェルトも自分も処刑されていただろう。

——ウィンストン・S・チャーチル（英国首相・保守党党首）

第一章　GHQの設置と組織構造

GHQの設置

二つの総司令部（GHQ）の司令官を兼任したマッカーサー

マッカーサーは昭和二十年九月十七日に、太平洋地域における米陸軍の指揮権を統合するために創設した米太平洋陸軍総司令部（GHQ／AFPAC）を横浜から東京の第一生命ビル（相互）に移転して民事行政の専門家からなる部門（経済科学局と民間情報教育局）を軍政部から独立させた。また軍政局を発展解消して第一生命ビル（相互）内に連合国軍最高司令官総司令部（GHQ／SCAP）を別に設置し、そこに九局からなる幕僚部を置いた。

この二つの総司令部（以下、GHQと略称）は十月二十日以降、東京において事実上合併し、二重機能を果たすことになる。

かくして、二つの司令官（連合国軍最高司令官および米太平洋陸軍総司令官）を兼任することになったマッカーサーは天皇の上に君臨し、日本人に対して絶対的な権力を持つ存在となったわけであるが、次に述べるように、彼の権限は極東委員会とアメリカ政府によって制約を受けたわけである。

極東委員会と対日理事会の設立

極東委員会の設立

極東委員会は昭和二十年十二月二十七日に、対日占領政策の最高決定機関として極東諮問委員会（ソ連を除く十一カ国からなる対日占領政策を作成する国際機関）を再編して設立された。

新たに再編された極東委員会は、「ポツダム宣言の規定する降伏条項の実施について、軍事事項、領土問題を除き、その政策と原則の作成」、連合国軍最高司令官の政策の実施を見直すことを任務とした。

また極東委員会には、連合国軍最高司令官が実施する占領政策を検討して変更する権限が与えられており、アメリカ政府は、この極東委員会の決定に基づいて連合国軍最高司令官に指令を下達する義務を負わされたが、アメリカ側の拒否権により事実上効果はなく、特に、占領後期には冷戦の影響を受けて不毛な議論に終始し、その機能をほとんど停止していた。

対日理事会の設立

この極東委員会のメンバーに新しく加わったソ連は当初、マッカーサーを監視するために極東委員会を東京に設立するように主張したが、マッカーサーの反対によって結局、ワシントンに極東委員会が設立され、その代わりに彼を監視する対日理事会が東京に設立された。

実は、この対日理事会こそ、前出のウイロビー将軍が回顧録で述べた「極東国際軍事裁判をニュールンベルグの東京版に仕立て上げよう」と目論んだ組織だったのである。

ＧＨＱの組織構造

参謀第二部（G-2）の民間諜報局（CIS）とは何か

マッカーサーが司令官を兼務した二つのＧＨＱには、参謀部、幕僚部、官房が置かれていたが、この参謀部には参謀を補佐する機関として、さらに第一部（Ｇ-１）から第四部（Ｇ-４）までの部門が設置されていた。

この中でも、特に参謀第二部（G－2）は、本書のメイン・テーマである「東京裁判は誤り」の究明に不可欠であるため、次に竹前の説明を引用しながらG－2について詳しく見ていきたいと思う。

参謀第二部（G－2）は、「一九四六年一月の段階で、陸軍省課報部（戦域課報、技術課報、民間課報、一般軍事課報）、翻訳通訳部（アティス＝ATIS）などからなり、情報の収集、分析、評価を行っていた。

占領行政に直接関係する部局としては当初、米太平洋陸軍幕僚部に対敵課報部（または防課部＝カウンター・インテリジェンス・セクション＝CIS）、連合国最高司令官幕僚部に民間課報局（シビル・インテリジェンス・セクション＝CIS）が置かれた」

この民間課報局（CIS）は、「日本人が占領政策を忠実に遵守しているかどうかの情報の収集・分析、公安機関との連絡などを担当した。すなわち、通信・出版・芸能・放送などの検閲、電話の盗聴、流行歌の歌詞、映画の台本に至るまでチェックすることによって、日本人の思想動向を調査したり、警察・消防・刑務所行政の改革、指導、監督を行った局である」

また「発足当初の組織は、民間検閲支隊、審問班、民間通信課報班、第四四一CIC支隊などからなっていたが、四六年一月には、新設された公安部PSSのみが属し、民間検閲支隊とか第四四一CIC支隊、審問班は対敵課報部に移った。同年四月には公安課PSDと改称し、法務、警察、消防、刑務所、海上保安、警視庁などを所管した。課長はH・E・プリアム大佐であった。このときの民間検閲支隊、第四四一CIC支隊、特別課報係などは依然としてソープ准将の率いる対敵諜報部に属していた。

ところがこの年の春、アメリカ本国で、陸軍部内には将軍が多すぎるという批判が新聞界の一角からおこり、参謀総長は戦時中の昇格したポストを一段格下げする措置を下達した。これには第二次大戦の終了直後のデフレにともなう国家予算節約の必要性という背景があった。参謀第二部長ウィロビー少将は准将に格下げになることを承知したが、ソープ准将は面子を失うことを嫌って辞任した。このため民間諜報局は、一九四六年五月三日で廃止され、」「その機能は対敵諜報部の機能とともに参謀第二部内に新設された民間諜報課に吸収されたのである。

しかし、このように一見、諜報機能担当の機関の整理統合によって予算カットに協力したかにみえた参謀第二部は、冷戦の進行にともなう対共産主義諜報活動の必要性を強調することによって、三か月後には幕僚部としての民間諜報局を同年八月二十九日で形式的に復活させ、実際の運営は参謀第二部の民間諜報課で行うことになった」

以上のように、参謀第二部の活動は、民間検閲支隊（CCD）などの活動を通じて、「厖大な量の情報を入手、分析し、日本人の思想、世論の動向を徹底的に調査し、的確な情報収集」を行うことで、占領行政の決定に大きな役割を果たしていったのである。

もうお気づきの読者もいるかもしれないが、この参謀第二部長のウイロビー少将こそ、離日するレーリング判事に対して、東京裁判の偽善性を訴え、マッカーサーが東京裁判に反対した理由を回顧録の中で綴った、あのチャールズ・A・ウイロビー将軍だったのである。

彼は回顧録で、ソープ准将が辞任したのは、前出の竹前が説明したような格下げが原因ではなく、実は、ソープ准将が派手なスタンドプレー（皇族梨本宮守正王と皇弟・秩父宮の逮捕、特高の解散、共産党の政治犯全員の釈放など）を開始したので、自分が「マッカーサーに強く進言し、彼をCIC隊長職から解き、本国へ帰してしまった」からだと述べている。

彼は、こうしたGHQの舞台裏や本書のメイン・テーマである「東京裁判は誤り」の謎を解き明かす重要な鍵を握っている人物なので、次章では、彼とG‐2所属の民間検閲支隊（CCD）の実態について、さらに詳しく見ていきたいと思う。

第二章　言論検閲の実態

民間検閲支隊（ＣＣＤ）とは何か

ＣＣＤ文書の発見

昭和五十四年十月に、米国ワシントンのウィルソン研究所に着任して以来、米軍のＣＣＤが日本占領中に実施した新聞・雑誌・書籍などの検閲の実態研究に専念していた評論家の江藤淳は十月二十四日に、米メリーランド州ストーランドの合衆国国立公文書館分室（国立史料センター）で、ＣＣＤの資料を調べた際、一九四六年十一月二十五日の「削除または発行禁止処分の対象となる項目」の中から、簡単な説明が加えられた「新聞・映画・放送部月例業務報告書・附録Ｉ」と題する次のような内容の文書を発見した。

一、ＳＣＡＰ（連合国最高司令官または連合国軍最高司令官）批判
ＳＣＡＰに対するいかなる一般的批判、及び以下に特記されていないＳＣＡＰ指揮下のいかなる部署に対する批判もこの範疇に属する。
二、極東軍事裁判批判
極東軍事裁判に対する一切の一般的批判、または軍事裁判に関係のある人物もしくは事柄に関する特定の批判がこれに相当する。
三、ＳＣＡＰが憲法を起草したことに対する批判
日本の新憲法起草に当ってＳＣＡＰが果たした役割についての一切の言及、あるいは憲法起草に当ってＳＣＡＰが果たした役割に対する一切の批判。
四、検閲制度への言及
出版、映画、新聞、雑誌の検閲が行われていることに関する直接間接の言及がこれに相当する。（下略）

ＣＣＤ文書の内容

江藤は、このＣＣＤ文書の中で、特に第三項と第四項に着目して、ＣＣＤが日本国憲法の形成過程の隠蔽のために徹底的な検閲を行い、「それを通じて日本国民心理の操作誘導を行うと

同時に、日本の各界階層に関する情報の収集にも細心の努力を払っていた」ことを突き止め、後に「現行憲法、特に第九条二項の問題について若干の視点」と「核心を突いた議論」を展開していったのであるが、ここで、われわれが着目しなければならないのは先述の第三項ではなく、第二項と第四項であることに異論はないだろう。

即ち、CCDが東京裁判の隠蔽のために徹底的な検閲を行い、「それを通じて日本国民心理の操作誘導を行うと同時に、日本の各界階層に関する情報の収集にも細心の努力を払っていた」ことである。

では、CCDは、どのような方法で日本の言論検閲を行ったのであろうか。

次に、この問題を詳しく見ていこう。

民間検閲支隊（CCD）の活動の開始

「日本出版法」および「日本放送法」の起草・制定

米太平洋陸軍総司令部（GHQ／AFPAC）民事検閲部は昭和二十年九月二十一日に、アメリカ政府が立案した占領政策の基本目的（「日本がアメリカおよび他の太平洋諸国に対する脅威となることを防止する」および「日本に他国の権利と国際的義務を尊重するような政府を自立させること」）を達成するために、まず占領軍を批判する「すべての新聞、放送原稿、映画脚本、書籍、雑誌、小冊子など」を厳重に監視する上で必要な倫理的実践綱領として「日本新聞紙法」（「プレス・コード」）とも呼ばれる「日本出版法」と「日本放送法」を起草し、制定した。

この法律が制定された背景には、九月十一日付でマッカーサーから日本政府を通じて、各地方総監と地方長官に通達された「言論および新聞の自由に関する覚書」（SCAPIN‐一六）第一項の「真実に反し又は公安を害すべき事項を掲載せざること」を無視した日本のマスコミによる占領批判があったからである。

昭和二十年九月二十三日付『朝日新聞』（朝刊）によれば、この「日本新聞紙法」は、「新聞に対する制限でなくして、自由な新聞の持つ責任とその意味を日本の新聞に教え込むためである、而してニュースの眞實性および宣傳の払拭といふ点に重点が置かれてをり、本規定はニュース、社説並びに全新聞紙に掲載される広告は勿論、この外日本において印刷されるあらゆる刊行物に適応される」としている。

これは、先に日本政府に対して「新聞、ラジオ放送またはその他の出版物等に依り、真実に符合しないもの、あるいは公安を害するようなニュースの流布を防止するための必要な措置を要することを」目的として発令した先述の「言論および新聞の自由に関する覚書」（「新聞記事取締方針」）を、一歩前進させる内容のものであったが、「連合国占領軍に対し、破壊的な批判をくわえ、または占領軍に対し不信もしくは怨恨を招来するような事項を掲載してはならぬ」という用意周到な条項が含まれていたのである。

事前検閲の開始

この「日本新聞紙法」を作成した占領軍は、これを基に日本の民主化を推し進めるため日本のマスコミに対する事前検閲を次のように展開していった。

「聯合軍最高司令部では去る九月十四日以来同盟通信発行ニュースの事前検閲を実行してゐるが、新聞通信の事前檢閲制度を東京五紙に拡張実施することとなり、五日午後十一時総司令部検閲係長ピータス大尉は朝日（東京）、毎日（東京）、讀賣報知、日本産業経済および東京新聞の五社編緝局長を招集、来る八日より実施する旨を通達した」（「東京五紙に事前檢閲」『朝日新聞』昭和二十年十月六日付）。

評論家の稲垣武は、こうした事前検閲の実態について、次のように述べている。

『検閲は最初、事前検閲だった。ゲラをチェックして具合の悪い箇所は直すよう命じられたわけだが、占領軍のやり口は極めて老獪だった。戦前・戦時中の日本の軍部・政府による検閲は具合の悪い箇所を×××と伏せ文字にしたため、×××に何が当てはまるのか、読者にはすぐわかった。ところが占領軍は、検閲した痕跡が残らないように記事の書き換えを命じ、それでも足りない場合は記事を差し替えたのである。もし、差し替え記事が間に合わない場合は、占領軍のＣＩＥ（民間情報教育局）が用意した広報宣伝記事が、いかにも日本の新聞記者が書いたふうに装って掲載された。日本国民から見れば、占領軍に検閲されていることなど全くわからない。新聞が「言論の自由」を謳歌しているかのように思わせる、非常に巧妙な手段だ』

ところが、占領軍は、こうした巧妙な事前検閲に対する日本側からの批判をかわすために、十一月十日付『朝日新聞』に、「言論暢達阻害せず　マ司令部　新聞検閲方針」の見出しで、次のようなコメントを発表するのである。

「最近米軍側通信社乃至《ないし》新聞社から日本の報道機関へ送られる記事のうち検閲當局によつて差止められることがあり非難があるのでマ司令部代弁者は七日左の如く説明したが、これによつて東京聯合國軍使節團の要求または抗議によつて記事が差止めとなる場合があることが明らかにされた。日本新聞に対する検閲規定は、元来占領軍に反感を起こさせるやうな記事をなくするだけの目的をもつたものであつて、言論暢達や日本の民主主義促進に役立つ記事を制限するやうな意図はない、場合によつては検閲官が提出された記事を問題としたこともあるが、それは日本語に翻訳された英文記事が正確でないからである、その種の記事は訂正のため返還したのであつて差止めたのではない、聯合國を批判する記事は検討を受けることになつてをり東京にある聯合國軍事使節團の要求または抗議があれば差止める、従来差止められた記事の一部はこの種のものである。

記事の中で意味がどちらにでも取れるやうな微妙な箇所がある場合ほんの少し訂正すれば検閲通過となる記事は検閲官が慎重なあまり削除することがある」

事前検閲の廃止と事後検閲の開始

米国メリーランド大学マッケルディン図書館東亜図書部職員の奥泉栄三郎によれば、その後、「日本人がやや冷静さを回復し、戦後改革の機運が現実のものとなるのを見定めながら、段階的にすべての言論制限事項を緩和していくことが、連合国軍最高司令官の規定方針であった。この方針と相まって、違反事例の顕著な減少および事前検閲のために提出される出版物の加速度的な増加のために、出版物の検閲制度は昭和二十二年六月六日に修正されることになった」

「昭和二十二年十月十五日には第二回目の大改正が加えられた。極右と極左の出版物を専ら出版する十四社を除いて事後検閲制度の下に置かれるようになった」

「十二月十五日には、雑誌の九七％が事前検閲から切り替えられた。ここでもまた、極右と極左の雑誌が問題となり、発行部数、収載内容、過去の検閲事歴、影響力などを勘案して、厳重な監視が必要と見られるものはまたも事前検閲対象物として残された。この種の雑誌は二十八種類であった。

第四段階目の検閲緩和措置は、昭和二十三年七月二十六日に行われ、すべての事前検閲対象の新聞と通信社が事後検閲となった。七月十五日から二十五日にかけて徐々に事前検閲指定紙は事後検閲へと移っていた」

昭和二十三年七月十六日付『朝日新聞』（朝刊）は、「新聞の事前検閲廃止」と題して事前検閲廃止の様子を次のように伝えている。

『総司令部は十五日日本の大新聞社十六社、大通信社三社に対する事前検閲を廃止した、しかし総司令部では事後検閲制度によりこれらの新聞通信社の使用する記事の内容には引き続き注視を怠らず、もしプレス・コード違反のあつた場合は警告を発すべく従つて発行停止ということもありうることである、その他の小新聞、通信社卅五社に対しては従来通り事前検閲が行われるが、民間情報局長プラットン大佐によればこれらに対してもまた十日以内に事後検閲が適用されるはずで、この中には共産党機関紙「アカハタ」も含まれている、以上のほかに東京や他の府縣には約五千のニュースを取扱う刊行物があるが、これらに対してはすでに数ヶ月前から事後檢閲制度が行われており、日本放送協会もそのひとつである、プラットン大佐はAP記者に対し行政的な手続の完了次第すべての刊行物はみな事後檢閲となるはずで、これは完全な報道の自由を保障するというマックアーサー元帥の線に沿うものであると語った。総司令部のプレス・コードは現在なお効力を有しており、それは新聞記事の正確さを強く要求している（下略）』

奥泉栄三郎も、当時の「事前検閲廃止」について、次のように述べている。

『この間に若干の例外もなかった訳ではないが、部分的に事前検閲制度を残存させたことは、同時に事後検閲対象物に対しても、間接的ではあるが、効果的な抑制剤ともなった。殆どの事後検閲扱い出版社は、問題を起して事前検閲扱いに逆戻りするのを恐れて、「出版法」を遵守したのである。とはいえ、事後検閲制度の下では、「出版法」違反の量は激増した。月間の違反件数は、移行前に比して、新聞、書籍、雑誌でそれぞれ五倍、二十倍、二倍という状況であった。新聞や書籍はすでに一〇〇％事後検閲となっていたが、新聞や書籍に比して雑誌の場合の違反件数が少ないのは、二十八誌にのぼる過激主義者関係諸雑誌が相変わらず事前検閲となっていたからである。

昭和二十二年十月十五日現在で、十二の出版社がひとつの条件付で事後検閲下に置かれていた。その条件とは、連合国・占領軍・あるいは広く占領目的を取扱うすべての書籍は、あくまで事前検閲対象として据置くという内容であった。同じその日、別の十四社が完全に事前検閲対象社に指定された。しかしながら、これらの出版社も昭和二十三年八月三十日に至って、そのすべての出版物が事後検閲扱いとなった。この年の暮れには、雑誌・書籍・地方紙・放送・

映画が事後検閲となる。日本出版界の中枢部を事前検閲から取りはずすことの本意は、民間検閲支隊出版・映画・放送部門をして、その使命を情報収集・分析・調査機関として新たに発展させることにあった』

こうした中で、九月三日付の「日本における太平洋陸軍民間検閲基本計画」（七月十日）を改定する命令書（CCDによる新聞・放送検閲）が出され、CCD部内に後述の出版放送演芸検閲部（PPB）が新設されることが正式に決定された。

新聞通信の事後検閲の廃止

やがて、日本国民に対する全ての制限法を緩和するという参謀本部の意向によって昭和二十四年十月二十四日付で、新聞通信の事後検閲は廃止されたが、完全に自由な報道が保証されたわけではなかった。

その理由は、新聞指導と統制の基本方針が相変わらず残っており、それを踏みはずせば厳重な処分が予想されたことやCCD内に新しく設立されたPPBの新聞通信課による「内面指導」（命令の形をとらずに「示唆」「助言」の形で行う指導）が、その後も継続して実施されたからである。

この事後検閲が廃止された結果、CCDの諸活動も十月三十一日付で廃止されたが、新聞通信以外の一部の雑誌および書籍の検閲はＣＣＤが十一月に解散した後も、その上部機関だった民間諜報局（ＣＩＳ）とＣＣＤと常に競合関係にあった民間情報教育局（ＣＩ＆Ｅ）によって占領終了まで継続して実施された。

では、先に述べたＰＰＢ内の新聞通信課は、各新聞社が作成した記事原稿のゲラ刷りの事前検閲をどのように行ったのだろうか。

次に、『読売新聞』の事前検閲の事例を取り上げながら、この問題を見ていこう。

事前検閲の実態

読売新聞社検閲課の業務内容

ＣＣＤによる事前検閲期間（昭和二十年十月八日～昭和二十三年七月二十五日）の後半に、読売新聞渉外部次長兼検閲課長を務めた高桑幸吉は、当時の事前検閲の実態について、次のように伝えている。

『新聞社の検閲課は、そこで自主検閲をやるという性格のものではない。米軍検閲機関へ記事原稿のゲラ刷りを提出し、検閲をパスしたもの、部分的削除でパスしたもの、保留になったもの、ボツになったものなどを、整理部へ即刻連絡する。つまり編集局の検閲取次ぎ窓口といった、全く事務的な仕事であった。この点に関する限り深い配慮を必要としなかった。むしろ整理部の手足のような存在であったと思う。ニュースの取捨選択（検閲以前における）つまり、ニュースバリュー判断の権限はもちろん整理部長にある。

ここで当時の紙面の掲載量を見てみる。まず驚くのは、敗戦直後の経済混乱、物資不足のため、主としてペラ両面（二ページ）、ときどき四ページの紙面で、用紙事情の極端に悪化したときはタブロイド判二ページという、現在では想像もつかない劣悪の状態にあった。

しかし、わずかな紙面容量にもかかわらず、連合軍検閲に提出される棒ゲラ（一つの記事を一段分の字詰めで一本にまとめた校正刷り）、大刷り版（新聞一ページ分に大組した校正刷り）の量はかなりのもので、読売だけでも棒ゲラ本版用約七十本、地方版約三十本、大刷り本版十二枚、地方版三十枚（地方版一枚には約二十本ぐらいの未検閲短文記事が入っている）であるから、計一日約七百本程度が検閲を受けていたわけで、各新聞社、通信社の分を集計すれば、おそらく一日で五千本を超していたのではなかろうか（二十三年一月調べ、東京地区のみ）。

なにしろ米軍検閲には米軍発表もの、在京外人記者への執筆依頼原稿、国会ニュースを始め政治、経済、外電、社会、文化、スポーツ記事はもちろんのこと、死亡記事、連載小説、天気予報に至るまで、とにかく紙面に掲載を予定される一切の記事を棒ゲラのまま提出、判定を受けていたのである。

米軍検閲機関は毎日午後九時から業務を開始していた。ゲラの最終受付を午後七時までとし、そのOKになったゲラに見出しをつけて大組完成した大刷りの受け付け締め切り時間を午後八時と規定していた（大ニュースぼっ発のときなどは一、二時間、時間延長を認めた場合もあったが、特定の一社だけ便宜を図ることはない）。

従って新聞各社の検閲係の社員は午後九時までに日比谷公園市政会館の二階にあった「連合軍新聞通信課」と称されていたオフィスに出向く。一方、本社では各取材部から整理部に原稿が出されて活字化される。そこでゲラ刷りされた棒ゲラを三部受けとる。これにナンバーリングして一部を控えとして取りおき、二部をオートバイ係に託して市政会館へ運ぶのである。検閲の入り口に小さな部屋があり、そこで先着の社員に手渡す。社員はそれを確認の上、ちょうど病院の投薬口のような受付の窓口から二部重ねて提出する。この段階でゲラ刷り、つまり新聞記事原稿は完全に新聞社側の手を離れ、米軍検閲当局の手中に収められる』

CCDの対応方法

「新聞社側から提出されたゲラ刷りをうけとった米軍検閲の受付氏は、まずその棒ゲラに受付時間を記入して検閲官補ともいうべきエグザミナー（EXAMINER）のもとに運ぶ。ここでエグザミナーは第一回の検閲をして、問題なしと判定した記事にはCP印（CENSOR PASS

STAMP）を押して受付に回し、受付で返還時間を記入した上、ちょうど私書箱のようなワク（各社別）を通して、外で待っている新聞社側に渡されるしくみである。

エグザミナーが疑問を感じた記述個所のある棒ゲラはどうなるのか。疑問個所に色鉛筆で傍線をひきエグザミナー本人のサインをして、チェッカーつまり検閲官（CHECKER）に回される。チェッカーによる第二次検閲はプレス・コードと上層部からの記事差し止め指令に基づいて行われていた模様で、ここで疑わしい記事は保留（HOLD）にされ、一方チェッカー自身の判定で許可できるものはCP印で受付に回され新聞社に返される（これは二部提出したうちの一部で、一部は米側の保存用となっていた）。パスか、保留か、いずれに判定を下すかチェッカーが即断できない記事は行政官の意見をききその判定に従っていた。

一方、保留になった記事は保留ナンバーが付されてリストにのせられた上、翻訳に回される。翻訳の終わった記事は主任（マコーラー氏）、地区検閲官（マロイ氏）に回り判定を受けるが、内容によっては、検閲部長コステロ少佐や民間検閲支隊パットナム大佐の決裁を受けていた。以上の過程を経て、削除（DELETED）やボツ（SUPPRESS＝掲載禁止）あるいは一部訂正の記事は逆の経路をたどって新聞社側の手に返されていた」

高桑は、先に述べたＰＰＢの連合軍新聞通信課（NEWS AGENCY SUBSECTION）の人員は総勢六十名ぐらいであり、内部機構は内信、外信、翻訳、庶務の四つに分かれていたと述べている。

また新聞通信課による検閲後の削除、保留あるいはボツについての説明は、次のように一切なかったという。

「CCDとその下部機関（新聞社の場合、特に重視したのは市政会館内の新聞通信課）はG2、民間諜報局の指令に基づいて新聞検閲を行っていたのだが、その指令内容は完全秘密で、連合軍検閲機関だけで封鎖を厳守していた。政府関係者も国会議員も知る由もなく、占領軍とともに多数来日していた米人記者も全く知らされていない。新聞社に対しても、なぜ保留になったか、保留後にボツになったのか、一部削除されたのか、一切説明されない。完ぺきなまでに問答無用なのである」

以上が、新聞検閲の流れであるが、CCDの命令系統については、次のように述べている。

「検閲組織はG2（総司令部参謀第二部）に属し、参謀第二部長で民間諜報局長ウィロビー代将の統括下にあった。このG2の一局として民間検閲支隊（CCD、日本燃料機ビル内）があり、パットナム大佐が検閲業務を専掌していた。さらにこの民間検閲支隊の一部として出版放送演芸検閲部（略称PPB、日本燃料機ビル内）があり、部長コステロ少佐が、全国主要新聞発行地にある各地区検閲部を掌握指揮して、新聞、出版（書籍を含む）、放送などの検閲をしていた。そして東京地区は関東配電ビル内にあった第一検閲部のマロイ氏によって運営されていた。検閲に関する具体的な極秘指令（検閲内部のみの指し止め指示など）や被検閲側（新聞社など）に対する通達などは、この地区検閲官の名においてなされていたのが普通である。

しかし、新聞社が直接印刷物（ゲラ、大刷りなど）を提出、検閲を受けるのは、前述のようにこのうちのさらに一分科機構である新聞通信課（市政会館階）というわけで、（著者注：原著の〔第1図〕のようにこの市政会館の検閲セクションだけでも非常に複雑な機構になっていた」では、次に、先に述べた新聞検閲の流れの中で、『読売新聞』紙上で掲載された東京裁判の記事のうち、どの部分が巧妙な手を使って削除されたのかを具体的に見ていこう。

削除された東京裁判の記事

事前検閲の廃止後、ＰＰＢの新聞通信課で処分を受けたゲラ刷りを集めてスクラップブックにして長年保管していた高桑は、昭和二十二年二月二十四日付『読売新聞』（朝刊）に掲載された東京裁判に関する記事（「東京裁判、清瀬弁護人の冒頭陳述」）について次のような解説を付して、削除された傍線部分の記事を紹介している。

〔解説〕

「東条英機元首相以下二十八人のＡ級軍事犯罪容疑者を裁く極東国際軍事裁判（東京裁判）は二十一年五月三日、市ヶ谷法廷で開始されて以来、全被告にかかる平和の罪、一般戦場法規違

昭和二十一年五月十四日、東京裁判開廷直前の被告席

反などにつき検事側の立証が終わり、二十二年一月二十七日から弁護側の反証に移ったが、二月三日から三週間休廷して同月二十四日再開され、弁護側の具体的反証段階に入った。削除のあったのは、その時の法廷記事で、国際法に認められている戦争犯罪の観念には平和・人道に対する罪は包括されていないとする清瀬一郎弁護人の陳述部分がカットされた」

（記事内容）

〔休廷三週間の準備をおえた東京裁判の大舞台は二十四日から被告、弁護人側の反対立証の新段階を迎えて開幕された。この日の大法廷はさすがに緊張の色深く、とくに反証に気負う弁護人席、被告人席の表情には提訴されたいくたの問題に対して、ことごとく徹底的に解明を与えんとする熱烈な気はくさえうかがわれ、再開法廷の新しい段階を浮き彫りにした。

定刻午前九時半、法廷執行による三週間ぶりの開廷宣言に続いて全廷の注目を浴びた日本人弁護人副会長清瀬一郎博士はまず静かに中央陳述台に起った。

『裁判長閣下、起訴状記載の公訴事実に対し、いよいよ被告人より防ぎょ方法を提出する時期に達しました』

小柄な身体を伸びるようにしながらこう前置きした清瀬氏は、そのまま十一名の判士《(ママ)》席に一ゆうの後、やおら口調を改めて冒頭陳述の朗読に入った。軍閥暴政の十七年間と断定された日本、この故国の真の姿をいまこそ世界の審問台に訴えんとする清瀬氏の情熱はその舌端にみち、氏独得の歯ぎれのよい口調もとかくよどみがち。繰り展げられた冒頭陳述は全文八十九頁（日文）四十六項にわたる大弁論。「今後の立証は昨年五月六日、被告が主張した〝全員無罪〟の観点から行なう」と説きおこし、起訴期間中に生起したもろもろの事象に一々の解明を与える十分の証拠ありと言明、とくに法律論においては共同謀議の罪は国際法には原則的に適用されずと断じ、国際法によって認められている〝戦争犯罪〟の観念には平和に対する罪および人道に対する罪は包括されていないと強調、……さらに日本のとった戦争行為については時の国際情勢によって滅亡の危局にまで追込まれていた日本が最後の生存権確保のためにとった自衛行為に外ならずと免訴し、そこに至った日本の対外活動の遠因こそ、国土にひしめく過剰人員のはけ口を見出すためであり、しかも不本意の武力行為はすべてコミンテルンの挑発によって余儀なくされた結果であると結び、誤解に満ちた本事件の真相解明によって恒久平和の方向が指向さるべしと論結、近代戦争の原因を深く探求し現代世界に潜在する害悪を根絶して輝く平和の大道を確立せんとする高邁な理想をじゅんじゅんに数時間にわたって吐露し、判廷に異常な感銘を与えて弁護側反証を審理の第一日を終わった」

この高桑の解説にもあるように、この記事の核心的部分は、連合国側は国際法には適用されない共同謀議と新しく作った事後法（「平和に対する罪」「人道に対する罪」）によって被告を裁くことは法理論的に成り立たないことを突いた清瀬弁護人の言説である。

このゲラ刷りを検閲したPPBの新聞通信課は、東京裁判を構成する二本の柱（「平和に対する罪」「人道に対する罪」）を否定されると、東京裁判に対する国民の不信感が増大して裁判への反発が起こることを懸念したため、この部分を削除したと考えられるのである。

削除や全文掲載禁止処分を受けなかった東京裁判批判の論文、社説および記事の存在

削除や全文掲載禁止処分を受けなかった東京裁判批判の文章

明星大学戦後教育史研究センターの勝岡寛次は、米メリーランド大学マッケルディン図書館のプランゲ文庫（CCDが検閲した約一万三千種の雑誌を集めた資料）の中にある一部削除されたあるいは全文掲載禁止処分を受けた東京裁判に関する批判論文などの事例を紹介しているが、われわれは、ここで一部削除や全文掲載禁止処分を受けなかった東京裁判批判の文章が存

在することに留意しなければならないだろう。

戦後の日本人は、いつのまにか占領軍の検閲に対するイメージが固定化してしまい、次のように東京裁判を批判した論文、社説および記事が新聞や雑誌に掲載されていたことを忘れてしまっているからである。

東京裁判を批判した『朝日新聞』の田中論文

長野短期大学教授の荒敬は、この問題について東京『裁判に対しては、当初から国際法学者を中心に罪刑法定主義＝「事後立法の禁止」原則に反することや、また裁判が「政治的」であるとの疑義が出されていた』と述べ、九州帝国大学法学部教授の田中和夫（英米法学者）がCCDの事前検閲の開始（昭和二十年十月五日）後に発行された昭和二十一年四月二十一日付および二十二日付『朝日新聞』（朝刊）紙上において、「極東軍事裁判㊤」と「極東軍事裁判㊦」の見出しで東京裁判の直前に次のような批判を展開したことを紹介している。


「極東軍事裁判㊤」

『第一次世界大戰において、始めて《ママ》戰爭の戰時的責任者に對する裁判といふことが問題となつた。ヴエルサイユ條約第二二七條は聯合國は「國際道義に反し條約の神聖を流したる重大の犯行」に付き、カイゼル・ウイルヘルム二世を訴追し、その裁判のため米英佛伊日五箇國の裁判官より成る特別裁判所を設置すと定め、且つ「右裁判所は、國際間の約諾に基く厳正なる義務と國際道義の現存とを立証せんがため、國際政策の最高動機の命ずるところに従ひ判決すべし。其の至富と認むる刑罰を決定するは該裁判所の義務なりとす」と規定した。しかしカイゼルは当時中立國オランダに亡命して居りオランダ政府がカイゼルの引渡要求に應じなかつたので、この裁判は実現するに至らなかつた。しかも右の條約の規定を作成するに当つては、特に「犯罪」といふ語を用ひることを避けたのであつた。従つて重大戰爭犯罪人の裁判、即ち侵略戰爭を惹起した責任者に対する戰爭犯罪の裁判には、先例がなく、今回が歴史上初めてのことである（傍線は著者、以下同様）』

「極東軍事裁判㊦」

『然りとすれば、これはアメリカ合衆國憲法が「事後法（遡及処罰法）を発することを得ず」と表現し、我が新憲法草案第三十六條が「何人も実行の時に適法であつた行為……について刑事上の責任を問われない」と表現してゐるところの、所謂罪刑法定主義に反することとなりはしないか。独裁者はしばしば罪刑法定主義を蹂躙して行為の後に処罰の法を作つて人を罰し、事後法をその専横の道具として利用したことは何人も知るところである。「法の支配」の原理の中には罪刑法定主義が内在してゐるのである。或は罪刑法定主義は國内法にのみ適用があり國際法には適用がないとの主張があるかも知れない。しかしその理由如何。國内正義と國際正義とに差異があるのであらうか。かく観じ来れば、「法」に從ひ重大戰爭犯罪人を裁判し處罰しようとする今次の國際軍事裁判には根本的な法律問題が数個横たはつてゐる。國際軍事裁判はこれらの法律問題を解決し、國際法上の新先例を樹立せんとするものである。

今次の國際軍事裁判は、勝者のみから裁判官を出して敗者の指導者を裁かんとするものであり、或は裁判の仮面に隠れて、古代の勝者の復讐心を再現するものではないかと疑ふ者もあるかも知れない。しかし聯合國の意図の然らざることは既に述べた通りである。……國際軍事裁判は、侵略戰爭を惹起した者を處罰することにより、将来かかる戰爭が再び地上に起こらないやうにする予防的効果を有する場合に、始めて眞《（ママ）》にその意義がある。

國際軍事裁判は、復讐心の再現ではない。極東國際軍事裁判所條例も「被告人に対する公正なる裁判を確保するため」充分に被告人の利益を保護する規定を設けてゐる。しかし注意しなければならないことは、國際軍事裁判所はあくまで「軍事」裁判であることである。我々は敗戰といふ冷厳なる事実を忘れてはならない』

この記事の特徴は、東京裁判の問題点を指摘する一方で、東京裁判の意義を主張している点にあるだろう。

東京裁判を批判した『新岩手日報』の社説

昭和二十一年六月十九日付『新岩手日報』（朝刊）の社説でも「戰犯裁判の目的」と題して東京裁判の目的を論じた後、政治的な性格を帯びた東京裁判を次のように批判している。

『極東國際軍事裁判は何を目的として開かれたものであるか、キーナン検事の論告の言葉をかりてこの點につき説明しよう。

キーナン論告によるとこれは将来の戰争の起こるのを防がうといふに盡きる。すなわち、起訴された人々は、共同に計畫《かく》をめぐらして侵略戰争を引き起し、多数の人命を奪ひ戰争放棄を侵した。これは世界的な悲劇であつた。ところが、これからの戰争は武器はわれわれの想像以上に発達し完成されることは明らかである。かうした戰争は文字通りの総力戰である。これは文明を破壊するだけでなく、一体地球上に人類が生き残るかどうかといふ悲惨なものとなる。だからこの法廷に與へられてゐるあらゆる権限を用ひて将来の戰争を防止したり制限するやう努めねばならぬ。もしも世界の動きを今のまま放つて置けば、人類は滅びてしまふのであるから、どんな方法を用ひてもこれを防ぐやうに努めねばならないのである。……以上がキーナン検事の言葉から引き出されるこの裁判の目標である。これは法理論ではなく法律を超越した政治的議論である。いままでにある法律をそのまま当てはめて被告をさばかうといふものではない。むしろこの裁判によつて、侵略戦争は犯罪であるといふ新しい観念を打ち樹て、これによつて戰爭の起こるのを防ぐか或ひはその発展を妨げようともくろんでゐるものである。これは裁判の形で新しい國際法の觀念を作らうといふ行為であり、その内容からも形式からも今迄の歴史にないものといへやう。さういふ意味で、今後の法廷で弁護團がただ法理論だけで応酬して行くことは将来の記録といふ以外には大した意義を持たないであらう（傍線は著者）』

この記事の特徴は、キーナン検事の語る東京裁判の意義を説明する一方で、東京裁判の政治的性格を批判している点にあるだろう。

ブレークニー弁護人の原爆投下批判を掲載した『朝日新聞』

前出の瀧川博士は、その著書で昭和二十一年五月十四日に開廷された東京裁判で、「ブレークニー弁護人は、原子爆弾という国際法で禁止されている残虐な武器を使用して、多数の非戦闘員を殺戮した連合国側が、捕虜虐待について責任を問う資格があるのかという、我々の言いたいことも言ってくれた。……前に述べたブルウェット《ママ》弁護人の原子爆弾論議も当時の新聞には報道されなかった」と述べているが、翌日の五月十五日付『朝日新聞』（朝刊）には、前日の東京裁判で広島の原爆投下を批判したブレークニー弁護人の発言を「宣戦布告なき戦争〝殺人となる戦争〟検事力説」と題して、次のように掲載している。

『原子爆彈による広島の殺傷は殺人罪にならないのか――東京裁判の起訴状には平和に対する罪と、人道に対する罪があげられてゐる。眞珠湾攻擊によつて、キッド提督はじめ米軍を殺したことが殺人罪ならば原子爆彈の殺人は如何（傍線は著者、以下同様）――東京裁判の第5日、米人ブレークニイ弁護人が弁護團動議の説明の中でこのことを指摘した。

この日は前日の戦争犯罪とは何かといふ問題につづいて必然的ではあるが、戦争は合法なりや不合法なりやとの戦争の本質にふれ、眞劍な論爭が展開された。さらに戦争の合法、不合法を決すべき國際法そのものも論題の俎上に上つた。問題が問題だけに、學究的論戰となり、それだけ法廷の空気は地味であつた。

ブレークニイ弁護人は、戦争は今日いかなる國際法からしても犯罪ではない。戦争を犯罪とすることは、今後の國際法の課題である。また戦争は國家の行為であり、個人には責任はない、戦争に伴ふ殺人（キリング）は殺人（マーダー）ではない、といふこのブレークニイ弁護人に対する検事團の駁論が注目されたが、キーナン検事、カー検事は東京裁判は新しき法をつくるものではない。しかし戦争が不法なりといふその戦争は「宣戦布告なき戦争」をいふのである。日本は宣戦布告なく侵略戦争を行つた。しかもその結果、幾多の殺人を犯した、不法なる戦争による殺人、それは當然に犯罪である、と反駁した。これが検事團の代表的見解と思はれる。裁判管轄権の問題、裏をかへせば東京裁判をやる法的根據は何か根本的には「日本があらゆる意味で無条件降伏した」とのキーナン検事の単刀直入の言明こそ、これが東京裁判の根柢であるやうに通感される』

この記事の特徴は、ブレークニイ弁護人が原爆による殺人や戦争責任を個人に問う裁判のあり方を批判する一方で、検事側の主張も公平に書かれている点にあるだろう。

パール判事の無罪判決を掲載した『朝日新聞』『読売新聞』『毎日新聞』『南日本新聞』『北海道新聞』『ニッポン・タイムズ』

読者は驚くかもしれないが、あの有名なパール判事の無罪判決も、判決のあった翌日の昭和二十三年十一月十三日付の全国紙（『朝日新聞』『読売新聞』『毎日新聞』『ニッポン・タイムズ』）と地方紙（『南日本新聞』『北海道新聞』）の各朝刊の第一面と第二面に、共同通信とUPの配信を通じて、次のような見出しと内容で掲載されているのである。

「インド判事無罪論」『朝日新聞』（朝刊）

「東京裁判で反対意見を出したのは、インドのラダ・ビノド・パル判事のみであるが、同判事の判決書は英文三十万語千三百ページを越え、全訴因に対し被告全員を無罪なりと断じ即時その釈放を主張している（傍線は著者、以下同様）。この判決書は十二日弁護團から朗読の申請があつたが、却下された。同判事の判決の内容は、次の如きものである。
▽日本の憲法は完全に施行されていた、元首、陸軍、一般官公吏の社会とのつながりは通常のものであつた

裁判所としてこの法廷設立が単にある目的の達成であつたとの感を抱かせるような行動は自分ら判事は慎まねばならない、その目的というのは本質的には裁判所という仮面をかぶりながら政治的なものである」

「インド判事は反対」『読売新聞』（朝刊）

「ウエッブ裁判長の言明によればインド代表パル判事は本判決に全面的に反対（傍線は著者）、オランダ、フランス両代表判事は一部に反対、比島代表判事は判決には同意を表したが別個の意見を提出した」

「パール判事が無罪論」『毎日新聞』（朝刊）

「判事側による判決文採決にあたりインド代表パール判事の多数意見に反対する理由書は原文一二二九頁に亘る長文のものであり、七部に分かれ、裁判所の構成より説き起こし第二部においては侵略戦争とは何かとその定義に対し疑問を与え最後に同判事の意見を勧告の形で述べて

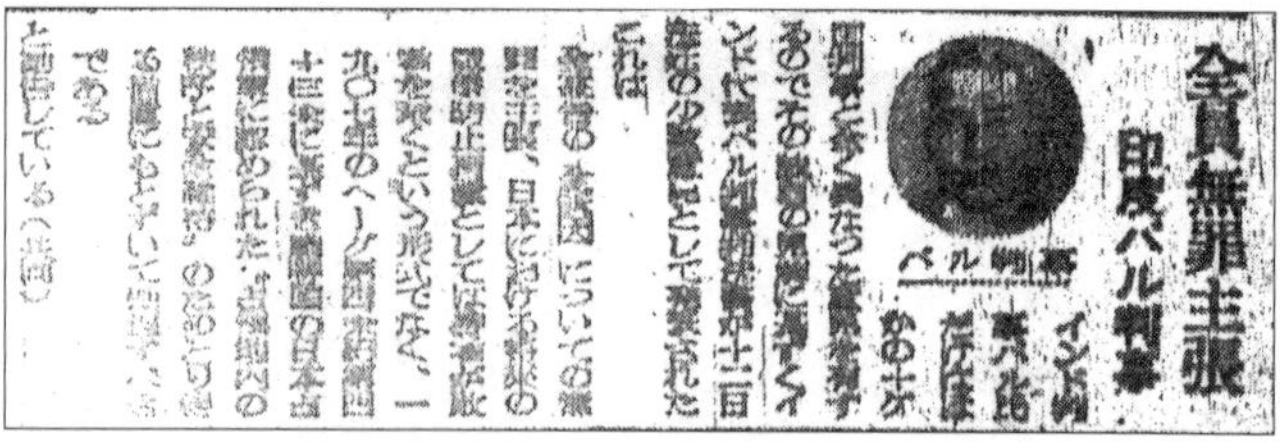
全員無罪主張
印度パル判事

昭和23年11月13日付『北海道新聞』（朝刊）

全被告を無罪にすべきだと主張している（傍線は著者）」

「『全員無罪』を主張　パル判事意見書」『南日本新聞』（朝刊）

「インド判事パル氏だけは他の十ヵ國判事と全く異なった意見を有するので、その独自の見解にもとづく『インド代表パル判事判決書』が十二日法廷の少数意見として発表された、これは『全被告の全訴因についての無罪』を主張、日本における将来の戰爭防止措置としては勝者が敗者を裁くという形式ではなく、一九〇七年のヘーグ第四條約第四十三條にもとづき戰勝國の日本占領軍に認められた『占領地内の秩序と安寧維持』のため、とり得る措置にもとづいて処理すべきであると勧告している（傍線は著者）」

「全員無罪主張　印度パル判事」『北海道新聞』（朝刊）

「全被告の全訴因についての全員無罪を主張、日本における将来の戰爭防止措置としては勝者が敗者を裁く形式でなく、一九〇七年のヘーグ陸戰条約第四十三条に基ずき戰勝國の日本占領軍に認められた〝占領地内の秩序と安寧維持〟のためとり得る措置に基ずいて処置すべきであると勧告している（傍線は著者）」

"Pal's Conclusions" NIPPON TIMES

1. That no category of war became criminal or illegal in international life;
2. That the individuals comprising the government and functioning as agents of that government incur no criminal responsibility in international law for the acts alleged;
3. That the in international community has not as yet reached a stage which would make it expedient to include judicial process for condemning and punishing either of states or individuals.

（訳）

「パールの結論」『ニッポン・タイムズ』

一、国際生活において、どの種類の戦争も、犯罪もしくは違法とはならなかったこと。

二、政府を構成し、その政府の機関として機能を遂行する人々は、彼らがなしたと主張される行為について、国際法上、何らの刑事責任を負うものではないこと。

三、国際団体は、国家もしくは個人のどちらかを有罪と決定し、これを処罰するための司法的手続きを、その機構内に包含することを得策とするような段階には、まだ到達していないこと。

これらの記事の中で、特に異彩を放っているのは、日本で唯一の英字新聞である『ニッポン・タイムズ』に掲載されたパール判事の無罪判決の記事であることに異論はないだろう。紙数の関係から一部しか紹介できないが、実際には二ページにもわたって掲載されているのである。

では、なぜ『ニッポン・タイムズ』にパール判事による無罪判決の記事内容が掲載されたのであろうか。その理由は、英字新聞であることから、その社会的影響が小さいと判断したことにあると考えられる。

海外と日本の情報を集めるために読んでいた占領軍の兵士とその家族、そして外国の特派員に対して、この記事は計り知れない影響があったことは間違いないだろう。

東京裁判を批判した国際法学者の田岡論文

前出の田岡良一は、『共同研究　パル判決書』（上巻、講談社学術文庫）の序章で以前に書いた東京裁判批判の一文について、次のように述べている。

「昭和二十一年春、東京裁判がまさに開かれようとするとき、私は戦犯裁判を批判する一文を、当時存した唯一の総合雑誌『新生』に載せたことがある（傍線は著者）。本文に述べたパル判事の意見書やタフト上院議員の講演よりも前のことである。その中で私は、この裁判が事後法による裁判であることも論じたが、しかし私が、それよりも、この種の裁判から生ずる大きな弊害として、重要視したのは次のことであった」

では、田岡が『新生』（新生社、昭和二十一年六月号）誌上に、「戰犯裁判について」と題して寄稿した東京裁判批判の一文とは、どのようなものであったのだろうか。

田岡は、この論文の中で田中とは違って国内法では普遍的に認められている罪刑法定主義の原則を「國際社会の刑事裁判の現在の段階に於いて、この主義を移植することは困難を伴うのではないか。現在の段階に於ける國際刑事裁判について罪刑法定主義を唱へることに私は疑惑をもつものである」と述べ、罪刑法定主義を国際刑事裁判に適用することについては疑義を唱えてはいる。

だが、田岡は、次のように、戦犯裁判には戦争を防止する効果はなく、「しかも戰争がいったん起これば、その惨害を不必要に大きくするものであり、このようなものは廃止すべきである」との結論を下している。

「國際法学の立場から戰犯裁判に加へられる批判は色々あるが、その最も有力なのは次の説である。一國に於いて戰争を開始した指導者達は、通例その戰争中戰局を指導し國民に号令する地位にある。表面に立つ内閣々員や参謀総長は更迭することがあるにしても、實際に於いて戰争を指導する勢力は同一であるのを常とする。指導權力を握る之等の者は、自國が武器を措いて降伏すれば、自分等は敵國に引渡されて極刑に處せられることが判つて居る以上は、最後まで抗戰する決意を固める。従つて、勝敗の決が既に明かとなり、この上の抗戰はただ國民の生命と財産とを無益に破壊するのみであるといふ事態になり、彼等の國民に対する業務は速やかに敵國に和を乞ふの一途より外にないといふ時機に至つても、なほ國民をむりやりに引づつて職を続けようとする。或いは敵軍が本土に入れば殲滅する自信があると弄し、又は某々中立國が参戰して自國を援ける筈であると言つて國民を欺き、又欺くことの出来ぬ時は暴力による彈圧を加へて、勝算なき無用の抗戰に駆り立てて民族の滅亡を招くこの危險は、既に今回の戰争に於いて十二交戰國の國民が身を以つて體驗したことである。

この事から来る不幸は、ただ戰敗國民の身の上のみに止まらない。その為に戰争が長引くことは相手國にとつても不利であり、無益の死傷者の數を増すことになる。ゆえにこのことは双方の交戰國の不幸である。

双方交戰國にとつて共に利益なき人命財産の損失を除去することが國際法の使命であるとするならば、右のごとき不幸なる事態を生ずる原因となる戰法《ママ》處刑は、國際法の立場からこのまゝに座視することは出来ないであろう（傍線は著者）」

東京裁判を批判した東京裁判弁護人の菅原論文

一方、元陸軍大臣荒木貞一弁護人の菅原裕（戦犯弁護人会理事）も、東京裁判が開始される直前に『法律新報』（法律新報社、昭和二十一年四月、五月号合併）誌上に、「戰犯事件辯護の意義」と題して東京裁判の不当性について、次のような批判を展開している。

「戰犯裁判は新しい試みである結果現在に於て幾多の矛盾不完備を包藏して居る。其第一は勝者が敗者を裁く事である（傍線は著者、以下同様）。彈訴式は權利侵害者の裁判に關して近代國家が齊しく採用せる立法形式である。一個の侵略戰爭に於て被害國は加害國を強訴し戰爭に無關係なる第三國の不覊公正なる裁判を受くるを理想とする。これは國内的に個人の權利自由が保護されると同樣國際的にも國家の權利自由が尊重されねばならぬ。然るに今や世界には戰爭當事國の一方が裁判する事が許されるならば他の一方も關與せしむべきではあるまいか。蓋し文明の名に於て構成される裁判機關は戰爭の勝敗を遙かに超越したものであるからである。

次は戰時狀態繼續中に裁判が行はれる事である。

裁判の使命は眞實の發見と迅速なる處理にある。而も後者は前者に比較すれば第二義的價値しか存せぬ。裁判は須く眞實に卽して審理判決されねばならぬ。夫れには極度に裁判官の冷靜と愼重とが要求される。反之媾和會議前未だ戰時狀態の繼續中若しくは戰爭直後に於ては双方の興奮未だ醒めず、勝者の行き過ぎたる傲慢と敗者の極端なる卑屈とに依り裁判の公正を害さるる虞尠しとせぬ。裁判は須く此審理の絶対防害たる興奮の醒め切らぬ内、而て媾和會議前に處理せんとする焦燥の存せざる様戰後少く共一年か二年を經過し、媾和會議の終了後戰爭の完全段落を告げたる上にて國際聯合の處置機關として冷靜に愼重に處理せらる、が適當と信ぜられる。

若し夫れ資料の散逸の如きは檢察當局に於て防止し得る問題で假に多少時期に遲れても平和の手段を戰爭の興奮未だ醒めざる時に處置して犯した過誤に就て後世史家に嗤はれる事に比較すれば問題にならぬ。

第三は準據法の不備の問題である。

現在に於て此問題は戰爭犯罪人處罰の致命的欽陥である。

前大戰後パリ會議の豫備會議に於てカイゼル其他戰爭の惹起者等に人道違反の理由で刑事上の制裁を加ふべき否やが問題にされたとき米國委員たりしランシング國務長官は國際法學者スコット等と共に人道違反は刑事制裁の對象とはならない。加之處分する準據法がないから、罰則法定主義上方法がない。假に新たに法律を制定しても過去に遡つて適用する事は法の原理に違反すると云ふ理由で堂々反對した記録があり、此點は今ニュルンベルグに於ても獨乙辯護人に於て極力主張されて居る處である。ジャクソン檢事は文明の敵として之を處斷せんとして居るが果たして如此抽象的觀念論でデモクラシーの勝利の快を結ぶ事が出来るであらうか。之が將来必ずや完全なる國際聯合が成立したる曉に於て戰犯處分に關する明確なる基本法及手續法を規定さるべきものたる事を信ずる。

……本裁判は従来國家が負擔した戰爭の責任を個人に負はしめんとする處に一大特色がある。國家を擬制と見、總ての責任を個人に歸せんとする處に新機軸がある。夫れは國家理論の進歩か退嬰か戰爭觀の向上か堕落か、深き檢討を要すべき問題であらう。

併し堕落たると否とに拘らず戰爭は總力戰化して失つて銃後國民が戰爭の禍中に巻きこまれた以上、戰爭政治の指導者たちが個人の資格に於て戰爭犯罪人として責任を追及されるのは已むを得まい。夫れは正しく時代の趨勢である。況《いわん》や刑存在の意義は其の法あるが為に犯罪を防止し得るか否かに繫る。

従つて個人に對する戰犯追及の結果戰爭の發生を防止し得るならば其の制度は存在の価値がある。而て實効ありや否やは今後關係者の善處に繫る處である。（後略）」

この論文の特徴は、世界で初めて戦犯裁判を行う上で、処々の矛盾があることを指摘した点である。それは、一方的に勝者が敗者を裁くことは正しいことなのかどうか、講和会議前の戦争継続中に裁判を行うことは裁判の公正を保つことができるのかどうかという問題である。

またこの論文では、戦犯を裁くための準拠法がないことも指摘する一方で、もし東京裁判によって戦争防止が実現できるならば、東京裁判には存在価値があることを認めていることに特徴があると言えるだろう。

東京裁判を批判した東京裁判弁護人の戒能論文

元国務相兼企画院総裁鈴木貞一補佐弁護人の戒能通孝（東京帝国大学講師、民法学者）は、東京裁判の判決の直前に、『歴史評論』（校倉書房、昭和二十三年九月号）誌上で、「戰犯裁判の法律理論」と題して次のように罪刑法定主義に違反した東京裁判を批判する一方で、侵略戦争を放置することに対しても疑義を唱えている。

『侵略戰爭を國家間の事實としてみるときは、强盗もしくは强盗殺人に類似する。しかし强盗が倫理的に非難され、法律的に處罰さるべきものであるという位には、明らかな犯罪意識なり、反倫理意識なりは生まれていない。實際にもし强盗が逮捕されたとき、彼や彼の辯護士が、法廷で大雄辯をふるつて强盗犯罪の背理を論じたら、世間の人はむしろその奇智に驚かされることだろう。ところが侵略戰爭の計劃者、準備者、遂行者として訴訟された人々の裁判では、大眞面目で侵略戰爭が處罰に價する行為か否か論議され、判決をまたねばその結論が明かにされぬほど、まだ曖昧なかつ明白でない諸問題を残しているのである（傍線は著者、以下同様）。

純粋に國際實定法の立場からいえば侵略戰爭が何者か、それを決定した全面的條約は存在していない。また一九二八年八月二十七日のパリ條約は、「國策遂行の手段としての戰爭」拋棄を「人民の名において嚴肅に宣言」しているが、「國策遂行の手段としての戰爭」が、違法の犯罪的行為であるか否か、明文を以て定めていない。いわんや侵略戰爭をなした國家自體でなく、それを計劃し、準備し、命令し、遂行した個人の責任にいたつては、明文を以て規定した一つの條約にも出會わない。……從つて國内法的立場から、侵略戰爭を開始し、自國の國民にもまた他國の人民に對しても、物凄い損害を與えた人々が、裁判に附せられ處罰されるという法的根據は、世界的にも皆無であるといつてよさそうに思われる。……この（著者注：極東國際軍事裁判）條例について注目されねばならぬのは、被告に對する訴訟手續が、嚴密に法によつて判決されることである。戰爭そのものの歴史上、勝者が敗者を處罰した實例は、その數決して少なくない。しかし今度の實例を除く嘗ての先例は、法による處罰ではなくして、感情や政治的必要による處分であつた。敗北し、降伏した軍の首領らは、もちろん辯解を許されたこともないではないが、辯解は權利として與えられたものでなく、勝利者の恩恵行為にすぎなかつた。……然るに今度の實例は、初めて被告に對して辯護の權利を承認し、事實につき、また法律によつて、國内裁判と同質の裁判が行われているのである。

ドイツ及び日本の國際軍事裁判所條例が、嚴密な法の適用を目的とするかぎり、法律問題として條例の合法性に關する議論の生ずるのは自然である。すなわち條例は既に存在する國際法を確認し、具體化した命令にすぎないか、もしそうだとすれば、少なくとも一九四一年十二月以前のいかなる時期に、いかなる形で侵略戰爭責任者を處罰する國際法が存在していたか。また假に侵略戰爭を犯罪とする國際法が存在していたにせよ、戰爭の責任は國家が負擔すべきであり、個人が負擔すべきではないのではないか。

連合軍最高司令官の國際裁判所設置に關する命令が、既存の國際法を確認したものでなかつたとしたら、その命令は行為の當時犯罪として認められなかつた事柄を、後になつて處罰するものではないかとの疑問が起る。このような命令は「法律なければ刑罰なし、行為當時の法律によらずして事後に犯罪を作ることはできない」との、いわゆる罪刑法定主義との間に表現的矛盾が起こるかもしれない。この意味で、罪刑法定主義と裁判所設置條例の關係は、今なお法律の理論的課題として檢討を要する事である。

……戰爭は、滿洲事變、日華事變、太平洋戰爭の三つとも、意識的に作成された戰爭だつた。しかも戰爭を希望したものは日本であり、戰爭を開始したのも日本であつた。戰爭の目的は中國とマレー、蘭印の占領だつた。それは形式的な觀點からしても、また實質的な觀點からしても、侵略的という外定義の途がない、極めて明白な侵略主義的戰爭だつた。しかしそれにもかかわらず現在の法律狀態は、この戰爭の計劃者、準備者、遂行者の何れに對しても、處罰が可能か否か明かな法規、先例が存在しない。何故にこのように明自な犯罪的行動が、處罰せらるべき明確な法的根據を欽除しているのであるか。立法を妨げたものは何者か。ここに侵略戰爭が犯罪的觀念から除外され、自由な、というよりも寧ろ英雄的な行為として受け取られる間隙があつたのではあるまいか』

その他に、戒能は翌年の『書評』（日本出版協會、昭和二十四年五月号）誌上においても、「戦争犯罪の法理はいかにして作られるか」と題して次のように罪刑法定主義に違反した東京裁判を批判する論説に対して侵略戦争の処罰を追求する重要性を唱えている。

「殺人者を處罰する法律を作るのは容易であるが、戰爭の開始者、実行者を處罰する法律を作るのは今の世界ではなお甚だしく困難である。殺人が各國刑法によつて處罰されるような明白さにおいて、平和に対する犯罪人が處罰されるべきだという法律もしくは條約は、現在のところまだ存在していない。……彼らを罰する法律もしくは條約がない結果、彼らは罰せらるべきでないと主張する。彼らを罰することは戰勝者の行政処分にすぎない、しかも戰勝者が勝手に行政処分をとるならば、世界的な憲法上の基礎原理たる罪刑法定主義、法なければ刑なしという原則が崩壊する、それでよいのか。これがいつてみれば戰爭犯罪人の主張であり、そして現在の日本にもこの立場を代表する著作として、高柳賢三の『極東裁判と國際法』が書かれている。……然しながらこのような形で國際法をみることは、戰爭によつて物凄い被害を甘受する一般民衆の苦しみを、形式的論理によつてもみけすための過去の学説にしかすぎない。なるほど國際法上侵略の定義がつけられぬこと、戰爭犯罪人を處罰するための國際裁判所の設置がまだないことは、大概の侵略を大目にみ、よくよくの場合しか処罰することの困難な、犯罪の縮小性を支持する根據にはなるだろう。しかしそれにもかかわらず、侵略戦争が犯罪でないとなし、何をしてもかまわないとみる見解は、現在の世界では段々通用しなくなつている（傍線は著者、以下同様）。……侵略の定義ができるにせよ、できぬにせよ、國際法が次第にはつきりと戦争犯罪の處罰を認める方向に発展していることは争えない。ニュールンベルグおよび東京裁判の判決は、そういう原則を作るため、國際法を少なくとも一歩だけ前進させた。この前進は小さいかもしれない。だが後ろ向きの歩きかたでなく、前向きの歩きかたであつたことは確かである」

東京裁判を批判した東京裁判弁護人の清瀬論文

東條英機元首相弁護人の清瀬一郎（日本人弁護団副団長）も、東京裁判の結審（昭和二十三年四月十六日）後、『経済新誌』（経済新誌社、昭和二十三年八月号）誌上において「世紀の東京裁判を顧みて」と題して東京裁判で審理された戦争犯罪の定義、時間的管轄権、事後法、不戦条約の違反、自衛権などについて、次のような批判を展開している。

『戦勝國が戦敗國の政治責任を裁判するといふ事は、國際法上の法則でもなければ、歴史上の慣行でもない。今回、太平洋戦争の結末として東京裁判を創始した理由は法律又は慣行に依るのではなく、全く日本と連合國との間の終戦を目的として発せられたポツダム宣言の一條項に基くものである（傍線は著者、以下同様）。……ポツダム宣言の第十條には「吾々（連合國）は日本人を人種として奴隷化し、國家として破滅することを企図するものではない、併し乍ら、捕虜を虐待したる者を含む総ての戰爭犯罪者には厳重なる裁判が施行されるであろう」と規定して居るが、東京裁判は、まさしく此の規定を根據として設定せられたものである。左様であつて見れば東京裁判に於いて起訴せらるべき罪名は「俘虜を虐待したる者を含む総ての戰爭犯罪」の範囲に入るものでなければならならぬ。戰爭犯罪の範囲といふ事が東京裁判の管轄権の限界を規定するものである。……戰爭そのものを計画し、又は決意することは従前の観念に於ける戰爭犯罪の定義のうちに入らぬやうである。されば東京裁判に於て当時の日本の政府当局、又は軍責任者が、侵略を計画し又は実行したといふ起訴事実に關しては市ヶ谷法廷は管轄権が無いのではないかとの疑義が起きて来る』

「東京裁判はポツダム宣言の裁判條項（即ちその第十條）に基いて設定せられたことは前項に指摘した通りである。我國では満州事変と太平洋戰爭とは全然区別して考えている。……満州事変は我國と満州政権との關係悪化より発生した。太平洋戰爭は米英の政策と我國の政策との衝突が原因である。両者の間には、戰爭原因が違つて居り、又相手方も異なつて居る。……我國がポツダム宣言を受諾するに決定した昭和二十年八月に於ても、降伏文書に調印した同年九月二日に於いても、日本人には誰れ一人として此度の降伏條項が満州事変の結末をも含むものと考へて居つた者は無からうと思ふ。然るに、東京裁判の原告は満州事変を以つて侵略戰であり、不戰条約違反でありとして、その關係者を起訴して居るのである。もしポツダム宣言が満州事変の結末を含まぬものとすれば、宣言にいふ戰爭犯罪者は、前項の國際法上の解釈如何に拘らず、この裁判にかけられるべからざる種類のものである」

『ニュールンベルグ憲章に於ても、また極東國際裁判の憲章に於ても同様に「平和に対する罪」といふ罪名が記載してある。それは侵略戰爭、又は條約違反の戰爭を計画し、準備し、開始し又は遂行する事を犯罪と見るといふ規定である。……右の如く憲章の右の規定自体を法律であるとせば、この法律は犯罪後に制定した法律である。事後制定の法律で人を処罰するのは不当ではないかとの疑義が起こる。……そこで検察側は今回の戰爭前（殊に満州事変前）より侵略戰爭は國際犯罪であつたのだといふ議論を持ち出したのである。……その最も力を入れたのは彼の一九三八《ママ》年の不戰條約（又、ケロッグ・ブリヤン條約とも称える）である。この條約で各國は戰爭を放棄したのであるから、右條約の締結以後に於いて侵略戰爭をするといふ事は「犯罪」となるのであるといふのである。……刑事裁判の規定はない。（殊に個人に対する刑事制裁の規定はない）又、この條約以後に於てソ連はフィンランドを侵略したが、これが為めソ連邦自身は連盟を除名せられたがソ連の政治家中誰れ一人として刑事制裁を受けた者はいない。……不戰条約の違反ありとしても（弁護人は不戰条約の違反はない。満州事変も太平洋戰爭も共に自衛権の行使であると主張して居るが)、この違反は当該國の政治家を處罰することを得せしめるものでないと主張して居る』

「不戰條約に関連して発生する問題に、自衛權の問題がある。不戰條約に於て締約國は戰爭を放棄すると厳粛に宣言はしたが、國家自衛のための戰爭までも放棄したわけではない。

苟も主權を保持する独立國家が自存自衛のための戰爭を為す權利は明白に留保せられて居るのである。而して國家の上に國家はない。或る一定の情勢の下に於て、その國家が自衛の為に兵力に訴へんとする場合にそれが自衛權の行使として兵力を使用する事が出来る場合であるか否かは一体誰が判定するかの問題が起こる。この問題はこの條約締結の当時より起つて居る問題であつて、此の條約の発案であつた米國々務長官ケロッグは、右の判断は武力発動の國家自体がするのであると演説した。このケロッグ演説が典型となつて、爾来、各國の國際法学者も総てこの事を是認して居る。……昭和十六年十二月八日の宣戰の詔書にもともと此の宣戰が自存自衛に外ならぬ旨は强調されている。当時の日本人は詔書の御主旨に疑義を挟まず此の通りに受け入れていた訳である。東京裁判に於て、自衛權の存否の判断は伝統的の解釈に従つて当時の日本政府の解釈を其の儘襲用すべきものとするか、それとも当時日本と戰つた國々に依り構成せられた裁判所で新たに審議するかといふ点も亦実に重大な國際法上の論点である」

「本文に於て私は私の意見や結論は一切差控えた。私共は訴訟の當事者として、今判決の下るのを待つて居るのである。ただ本件の争點は相當錯綜したものであるからそのうち重大であると思はれる國際法上の問題の數箇を抽出し、近く下さるべき歴史的判決を讀まれる人々の豫備的資料としたいと思つたにすぎない」

東京裁判を批判した高柳論文

元外務大臣重光葵弁護人の高柳賢三（東京帝国大学教授、英米法学者）は昭和二十三年十一月十五日に、東京裁判の最終弁論で弁護側のために展開した法律論をまとめた論文とその英訳を掲載した『極東裁判と國際法』（有斐閣）を上梓した

一方、高柳は、翌年の『法律タイムズ』（海口書店、昭和二十四年六月号）誌上でも、「極東判決の法律論」と題して同書で論じた「管轄権と條例の法」、「共同謀議」、「侵略戰爭及び國際法條約等違反の戰爭」、「通例の戰爭犯罪」および「訴訟手續と證據規則」に関する判事の多数意見（判決）とオランダ代表のローリング判事、インド代表のパール判事、フランス代表のベルナール判事の反対意見と少数意見について、次のような解説を行っている。

（一）『（著者注：「管轄権と條例の法」についての判事の多数意見）……連合國又はどの戰勝國でも戰爭犯罪人の裁判と處罰について規定するにあたつて確立した國際法又はその規則もしくは原則と矛盾する法律を制定又は公布したり、それらと矛盾した權限を自國の裁判所に與へ

たりする權利を國際法上持つてゐない。このような戰爭犯罪人の裁判と處罰のために裁判所を創設する權利を行使し、その權限を與へるにあたつて交戰國は國際法の範圍内で行動することができるにすぎないとする』

『（著者注：「管轄權と條例の法」についてのローリング判事の反対意見）……（著者注：極東国際軍事裁判）條例は管轄權と手續についてだけ裁判所を拘束するので、裁判所を拘束すべき實體法を定めたものではないと解釈せねばならない。從つて條例の法を定めたとされる條例第五條はいかなる事實が審理の對象となるべきかを定めるのであり、かくして提出された事實が犯罪を構成すべきやいなやは國際法によつて判定すべきであるとする（傍線は著者、以下同様）。……又條例のうちにかかげた「戰爭犯罪」といふのはポツダム宣言にいふ直接「戰爭犯罪人」に關聯せしむべきであつて、連合國はなんら新犯罪を創設する權能はない。ポツダム宣言から又人に關する管轄權にたいしても當然制限が置かれる。それは太平洋戰爭における戰爭犯罪人に限られるのであり、裁判所の管轄權はそれ以外の戰爭犯罪人には及びえない。かくして日ソ間の越境事件や戰爭にいたらない共同謀議などについては、一般的に裁判所は管轄權をもたないとする。

……ロオリング判事はしかし事後法に關する辯護側の主張を排斥する。……かくしてロオリング判事は平和にたいする罪は事後法であることを率直にみとめつつ、正しい戰爭における戰勝國は、治安に有害なりとする人物を抑制するための政策的處罰が國際法上許されるのであるとする。かくして「平和にたいする罪」なるものを國際上の犯罪としてではなく、危險抑制のための措置として、その國際法上の合法性を肯定する』

『(著者注：「管轄権と條例の法」についてのパール判事の反対意見）……パル判事も條例は裁判所を絶對的に拘束すべき實體法を定めたのではなく、只管《ひたすら》管轄権と手續について拘束性をもつとの見解をとる。ロオリング判事は降伏文書を「嚴肅なる約束」と解するが、パル判事は日本は「無條件降伏」をしたのであつて、連合國の日本に対する義務はなんら協約に基づくものではなく、ポツダム宣言は連合國の政策表明にすぎないとの見解をとるが、連合國は主權者としてふるまひうるのではなく當然一般國際法上の拘束を受けてゐるとする。かくして連合國は裁判所條例によつて事後的に國際法上存在しない新犯罪を設けることによつて國際法を侵犯したと解すべきではない。

……ロオリング判事は将来の危險を防止するといふ政策的見地から均しく「政策に基づく」ものとして事後法の原則を無視し、平和にたいする罪を創定してこれによつて被告を裁判處罰することは、國際法上合法的であるとの結論に達するが、パル判事はこの説を強く否認する。……管轄權の範囲についてロオリング判事が太平洋戰爭から終戰までの戰爭犯罪に限るとしたのにたいしパル判事はやや廣く盧溝橋事件から終戰にいたるまでだとする。又共同謀議について検察側はこの戰爭への共同謀議が存在したと主張するが、提出された事實にてらすと共同謀議は存在してゐないから共同謀議については管轄權を有しないものとする』

「(著者注：「管轄権と條例の法」についてのベルナール判事の反対意見《（ママ）》)……自然法の見地から管轄權が肯定される。そして時期についても起訴状の全期間に及ぶうることを承認する」

(二)「(著者注：「共同謀議」についての判事の多数意見)……裁判所條例の法を決定的拘束的なものとみるのであり且つ第五條(a)において平和にたいする共同謀議を犯罪の一種としてかかげてゐるといふ見地から、それがはたして國際法上犯罪であるかどうかの實質的問題は論じてゐない。すなはち、検察側と辯護側との間に交された點についての論議についてなんら意見を述べてゐない。只通例の戰爭犯罪と人道の罪についての共同謀議は條例の解釋として犯罪ではないとする」

「(著者注：「共同謀議」についてのローリング判事の反対意見)……ロオリング判事は平和にたいする罪について條例は事後法によつて立法したものと見、これを特殊の犯罪としてその効力をみとめることは先に説いたごとくである。かくして平和の罪についての共同謀議もこれを肯定する」

『(著者注：「共同謀議」についてのパール判事の反対意見)……パル判事は共同謀議は國際法上の犯罪ではないといふ辯護側の主張を全面的に承認する。そして論據についても辯護側の主張したところを採用する。又國際社會の本質から見て檢察側の比較法はなんらその主張に役立たないこと、「法の一般原則」といふ法源に依據するのは筋ちがひであること、又共同謀議の法理は國内法としても必ずしも正しいものと考へられてゐないことなどの點についての辯護側の議論がうけ入れられ、その外にも若干の理由を附け加えて、侵略戰爭の共同謀議罪なるものは國際法上存在しないと論ずる』

「(著者注：「共同謀議」についてのベルナール判事の反対意見)……ベルナール判事は自然法の見地から共同謀議罪をみとめる。しかし多数意見が平和にたいする罪についてのみこれをみとめ、通例の戰爭犯罪と人道にたいする罪についてこれを否認することは不當だと抗議する」

続けて高柳は、同年に出版された『法律タイムズ』(法律タイムズ社、八月、九月合併号)誌上でも、「東京裁判判決の波紋」と題して、次のように「ダグラス判事の意見書」、「自衛権の認定權と判決の先例的價値」および「東京判決の進歩性」についての問題を取り上げて東京裁判批判を行っているのである。

『(著者注：「ダグラス判事の意見書」について)……昨年の十二月二十日アメリカ最高裁判所は極東國際軍事裁判所の判決をうけた第一級戰犯者數氏からの右判決の再審査請求を却下した。これは「國内裁判所」たるアメリカの最高裁判所は「國際裁判所」の性格をもつ極東國際軍事裁判所の裁判の内容について再審する權限はないという理由にもとづくものであつた。

……ダグラス判事は半年後の本年六月二十七日にその意見書を公にした。APのワシントン特急電によれば、その意見書の要旨は左の如くである。

「私は昨年の判決は将来危険をもたらす可能性あるもの（ポテンシャル・デインジャ）と考える。國際軍事裁判所は政治權力の道具（インストルメント・オヴ・ポリティカル）以外の何物でもない（傍線は著者、以下同様）。私は最高裁判所には國際軍事裁判所の判決を再審する權限はないと考えるが、しかし最高裁判所のこの措置には困惑を感ずるものである。なぜならかくすることによつて、いま發展しつつある新型の軍事裁判所を司法的に監視しえなくなるからである。これでは軍事裁判所の權能は絶對的なものになつて了う。この判決のため多くのものは行政府の良心や慈悲心に訴えることはできるだろうが法に訴えることはできなくなる」『（著者注：「自衛権の認定権と判決の先例的價値」について）……起訴状は荒木以下の個人を被告として、不戰條約違反をふくむ廣汎な「平和にたいする罪」について、各被告の國際法上の刑事責任の問題を検察側は主張したのである。……この「平和にたいする罪」にたいする國際法上の個人刑事責任は、少なくとも起訴状の問題としている期間においては、國際法上成立していたので、被告にたいする起訴はなんら事後法にもとづくものはないと検察側は主張したのである。……すなわちこの期間における日本國家の行動がかりに不戰條約違反（侵略戰爭）であるとしても、それだけで政治的な責任者が軍事裁判で略式手續で處罰をうけるという法的効果が發生するとはいえないというのが辯護側の主張の重點であり、又かくのごとき法的効果が少くも不戰條約以来は國際上發生していたのだというのが、檢察側の主張であった。檢察側はそれにたいする具體的先例はないとしても法理そのものは、すでに内在的に存在していたのであるからこれをこの裁判で宣明して國際法上の劃期的な先例としてもらいたいということを要請したわけである。

……最後にニュルンベルグと東京の二つの判決に示された法の解釋がどれだけの先例價値をもつかという一般的問題だけに一寸ふれて置きたいと思う。この點について横田教授はニュルンベルグと東京の判決について「これらの二つは非常に重要な國際判決として殆んど決定的な先例價値を有する」と斷言する。……おなじ問題は「平和にたいする罪」なるものがアメリカをふくめた世界各國を拘束する國際法の法理の宣明として殆んど絶對的な先例的價値をもつのかどうか、又英米の現行陸戰法規よりもはるかに戰爭犯罪の範圍を擴大した東京判決の解釈がどれだけの先例的價値を兩國を拘束する意味でもつものといえるかなどの問題である。……東京判決はポツダム宣言に伴う特殊の事情から生じた結果であつて、占領地における軍指揮官の權能の一般的法理にはなんら影響を及ぼすものではないとして無視される可能性が相當濃厚なものではないかと思われる』

『(著者注：「東京判決の進歩性」について)……田畑茂二郎教授は「東京裁判の法理」(世界

六月號）で世界の将来といつたようなより高次の見地から東京裁判を論ずる。これはまことに重要な問題である。……例えば田畑氏はこの論文では國家主權とか國際法人格とかだけに重點を置いて議論しているが、最も重要な國際法における基本的人權の尊重とこれと密接な關聯をもつ罪刑法定主義の價値というファクターを全然度外視している。「既成の法理」を無視して國際法の名において被告人に重い刑罰を科することは果たして國際法の進歩を表徴するものとすべきであるか。或は又パル判事のように勝者が敗者をみなごろしにした野蠻時代への復帰を意味すると考うべきであるか。……東京裁判には國際管轄權の問題、降伏文書の解釋、ヘイグ、ジェネヴァ條約の解釋等について、國際法専門家の研究批判に値すべき多くの法律問題が提示されている。しかるにこれらについて少しも研究が發表されていない。又これらの論議において判決（多數意見）のみをとりあげ既に公表されている少數意見を默殺せんとするのは学問的公正を欠くとの非難を免れないであろう』

東京裁判批判の論文、社説および記事はなぜ削除や全文掲載禁止処分を受けなかったのか

削除や全文掲載禁止処分を受けなかった東京裁判批判の論文、社説および記事

以上、削除や全文掲載禁止処分を受けなかった東京裁判批判の論文、社説および記事をそれ

ぞれ見てきた。

前出のモニカ・ブラウは、「民主化の過程が広く宣伝されたのに、検閲が存在するということが検閲削除され、秘密にされたという事実は、新しい疑問を提起するものである」と述べ、また稲垣も「日本国民から見れば、占領軍に検閲されていることなど全くわからない」と述べているが、『朝日新聞』紙上には「新聞、ラジオの檢閲」（昭二十年九月八日）、「言論統制の具体的な指示」（九日）、「同盟通信社の業務停止」（十四日）、「朝日新聞の発行停止」（十八日）、英字紙「ニッポン・タイムズの発行停止」（十九日）、「新聞紙法の指示」（二十三日）、「言論暢達阻害せず　マ司令部　新聞検閲方針」（十一月十日）などの各記事、そして東京五紙に対する事前検閲とその廃止を報じた記事（昭和二十年十月六日、昭和二十三年七月十六日）が存在することや、終戦直後、旧制高校の生徒だった作家の半藤一利が、その著書で『旧制高校の寮に来る手紙は開いてましたよ。毎回「Opened by 何とか」って書いてありましたよ』と証言していることから見ても、当時の国民がGHQの検閲を知っていたことは明らかである。

だが、ここで重要なのは、当時の国民が検閲のことを知っていたか否かではない。それよりも、なぜ新聞や雑誌の中に、東京裁判批判を行った論文、社説および記事について、厳重に削除あるいは全文掲載禁止処分を受けたものと、そうでないものが存在するのかという点である。

中央に厳しく地方には甘かった言論検閲

前出の高桑は、この問題について、当時の読売新聞渉外部検閲課が発行した「検閲旬報」(昭和二十三年四月十六日、第七号)から次の一文を引用して説明している。

『「名古屋地区の某新聞には浜松事件を掲載しているが、東京の検閲は何故許可しないのか……」と取材部から詰問された。それは検閲上の地域的厳重度の差によるもので、発行部数、読者層および内外の反響などによってその差異がつけられたものである。それでは、次に地域別による検閲の編成および機構がどのようになっているのかを見てみよう。

第一ブロック……東京各紙(事前検閲)

第二ブロック……札幌、仙台、名古屋、大阪、福岡の各紙(以上全部事前検閲)

第三ブロック……第一、第二ブロックを除くその他の地方(事後検閲)

右に示す第一、第二、第三ブロックの検閲部編成の状況を検討すると、占領軍の対日新聞検閲政策は政治、経済的に見た内外の反響を第一義にあつかっていることがわかる。つまり新聞の機能性を重視し、読者に及ぼす影響およびその発行部数等も考慮に入れ、その厳重度に差異をつけたものであろう。従って政治経済の中心地をしめる第一ブロックの東京の諸新聞は地方紙に比してその発行部数も反響も大であり、最も厳重苛酷なる検閲制度のもとに置かれている。

第二ブロックの五都市から発行される新聞は客観情勢に応じて東京のような苛酷な検閲措置は受けていない。第三ブロックの地方諸紙にいたっては事後検閲という全然フリーな立場に置かれている。これは逆に地方諸紙の反響その他が極めて小さく、とるに足りないものであることを証明するものである（傍線は著者）。今回の事件報道は検閲第二ブロックにあたる名古屋地区の新聞が第一ブロックの東京の諸新聞より一日早く許可された事実は、以上にのべた検閲当局の地域的厳重度の差異を具体的に裏書した一例と言い得よう』

以上の高桑の説明からも分かるように、当時のＰＰＢの検閲は、新聞の社会的影響力を考慮して中央の第一ブロックに最も厳しく、その次に地方の第二ブロックに厳しかったようだが、第三ブロックについては、当初から事後検閲扱いで比較的甘かったようである。

また高桑は説明していないが、江藤によれば、第一ブロックの東京、第二ブロックの札幌、仙台、名古屋、大阪、福岡は、あくまでも検閲部の本部と支部を置いた地区を意味するのであって、他の地域からも新聞は発行されている。

後述するように、実際の新聞掲載の状況を分析すると、東京と関東地方が最も厳しく、その次が北海道地方、東北地方、中部・東海地方、近畿地方で、規制が最も緩いのが中国地方、四国地方、北陸地方、九州地方、沖縄地方の順になっている。

このため著者は、高桑の分類を参考に、東京、関東地方を第一ブロック、北海道地方、東北地方、中部・東海地方、近畿地方を第二ブロック、その他の地方を第三ブロックに分けて分析した。

では、この高桑の説明を基に、先に『読売新聞』の清瀬の言説、『朝日新聞』の田中論文、『朝日新聞』などのパール判事の無罪判決の記事、『新岩手日報』の社説を比較しながら新聞検閲の方法について見てみよう。

新聞検閲の方法について

先に述べたように、第一ブロックの『読売新聞』紙上で、清瀬の言説が一部削除されたのは、事後法である「平和に対する罪」によって被告を裁くことは法理論的には成り立たないという東京裁判の矛盾を突いたことにある。

このためPPBは、発行部数の多い『読売新聞』の社会的影響力を考慮して清瀬の言説を一部削除したものと考えられるのである。

一方、『新岩手日報』の社説が、事後法を使ってA級戦犯を裁く東京裁判の政治的性格を批判したにもかかわらず、そのまま掲載されたのは、第二ブロックの『新岩手日報』の社会的影響力が第一ブロックと比べて、小さいと判断したと考えられるのである。

ところが、第一ブロックの『朝日新聞』に掲載された田中論文は、同じ第一ブロックの『読売新聞』の場合のように、一部削除された部分があったにせよ、第一に東京裁判は戦勝国が戦敗国を侵略国として裁く歴史上、先例のない国際裁判であること、第二に東京裁判は事後法による罪刑法定主義を蹂躙した裁判であるという矛盾を突いた批判を行っているのである。

にもかかわらず、この田中の言説は、なぜ削除されなかったのだろうか。一つの可能性は、チェックがもれたという点である。

だが、先に述べたように、新聞検閲では検閲官補（EXAMINER）がゲラ刷りに疑問を感じた場合、後で検閲官（CHECKER）から二重のチェックを受けるシステムになっていたことから考えて、チェックがもれるという可能性は、極めて小さいように思われる。

第二の可能性は、田中論文の方が読売新聞の記事と比べて、表現がやや間接的で、遠まわし的であることだ。言い換えれば、ストレートな表現で東京裁判を批判していないことが考えられる。

例えば、田中論文の中にある『「法」に従ひ重大戦争犯罪人を裁判し処罰しようとする今次の國際軍事裁判には根本的な法律問題が数個横たはつてゐる』とか『國際軍事裁判は、復讐心の再現ではない。極東國際軍事裁判所條例も「被告人に対する公正なる裁判を確保するため」充分に被告人の利益を保護する規定を設けてゐる。しかし注意しなければならないことは、國際軍事裁判所はあくまで「軍事」裁判であることである』という表現は、清瀬の「法律論においては共同謀議の罪は国際法には原則的に適用されずと断じ、国際法によつて認められている〝戦争犯罪〟の観念には平和に対する罪および人道に対する罪は包括されていない」というストレートな表現と比べて、やや間接的、遠まわし的な表現であることが分かる。

その他に、先に述べたパール判事の無罪判決の記事を掲載した昭和二十三年十一月十三日の各紙の内容を見ても、たとえ事後検閲扱いであったにしても、第一ブロックの新聞記事だけは、田中論文のように間接的な表現で東京裁判の政治的な側面を批判していることが分かる。

前出の荒敬は、この間接的な批判について、次のような説明を行っている。

「占領軍は検閲によって、日本人による戦犯裁判への公然とした批判や好ましからざる内容の記事を厳重にチェックしていたことである。そのこともあって新聞論調に東京裁判批判の記事は少ない。だが、具体的には後述するように間接的な批判はできるのであって、それをしないのはむしろ編集者の姿勢にあったといえよう」

では、東京裁判の全期間を通じて最も勇敢に戦争は犯罪であるか否かを論じた昭和二十一年五月十五日付『朝日新聞』掲載のブレークニー弁護人の原爆投下批判の記事は、非常にストレートな表現であるにもかかわらず、なぜ事前検閲をパスしたのだろうか。

その理由として、この記事が「宣戦布告なき戦争」による殺人は犯罪であるという検事側の主張も同時に掲載し、バランスをとっていることが考えられる。これについては、田中論文も

東京裁判公判中の判事席

「國際軍事裁判は、侵略戰爭を惹起した者を処罰することにより、将来かかる戰爭が再び地上に起こらないやうにする予防的効果を有する場合に、始めて《（ママ）》眞にその意義がある」と述べ、検事側の主張も紹介して、バランスをとっていることが分かる。

以上から荒敬が言うような間接的な表現だけではなく、検事側の主張なども同時に掲載すれば、ストレートな東京裁判批判もできるのであって、それをしようとしない新聞は、むしろ編集者の姿勢に問題があったと言えよう。

いずれにせよ、原爆投下の問題を、ブレークニー弁護人が取り上げたとき、一瞬、法廷内は異様な緊張状態に見舞われ、担当官が大慌てで同時通訳のマイクのスイッチを切った上に、この部分を日本語の速記録から削除したという、この曰《いわ》くつきの場面が翌日の『朝日新聞』の朝刊に堂々と掲載されたことは注目に値するであろう。

では、次に雑誌検閲の方法について見てみよう。

雑誌検閲の方法について

占領期間中、改造社で編集を務めていた松浦総三は、その著書で昭和四十五年十一月上旬に資料蒐集のために訪問した米メリーランド大学マッケルディン図書館のイースト・アジア・コレクション（別名、プランゲ文庫）で働いていた日本人女性から、占領下に勤務していたCCDでの新聞検閲の仕事や雑誌検閲の下訳について、次のような説明を受けたと述べている。

彼女の『CCDでの仕事は、まず日本の新聞や雑誌や単行本の校正刷のまま提出されたものを読む。そして、プレス・コード（報道規則）に抵触しそうな部分を英訳して、それをCCDの将校にみせる。将校はその英訳を読んで、これを削除（DELETE）にするか、保留（HOLD）にするか、掲載禁止（SUPPRESS）にするか、OKにするか決定するのだ。

DELETEまたはDELETIONは、削除ということで、削除命令部分の校正刷に赤い鉛筆でラインが引かれている。日本側の編集者は、その削除命令のあったところを削り、削った跡がのこらないように、「ところで」と「そして」という文書でつないでおくようにすれば、それで出版してよいのである。

HOLDというのは、日本語に訳して保留ということになるが、正にそのとおりで、その論文や読みものの中に、削除部分が何ヵ所もあり、それらの部分を削ると、論文全体を書き直さなくてはならぬような場合である。保留されたものが、雑誌に掲載されるのは半々の割である。保留というのは、必ずしも掲載禁止ではない。

SUPPRESSというのは、掲載を禁止するという意味だが、その論文なり読物なりの全体の傾向が、占領政策に反するというので、全面的に掲載を禁止された場合におされるスタンプであり、このSUPPRESS印がおされれば、その文章は占領下では日の目をみることができなかった。……雑誌や新聞の校正刷をCCDに提出するときには、雑誌の名前、目次、筆者などを英文とローマ字で書いて提出する。するとCCDのほうでは、この英文の届出にもとづいて、Magazine Examination（雑誌調書）という書類とMagazine Routing Slip（雑誌メモ綴）という書類に記載され、それぞれファイルされる。……話を再び雑誌調書にもどすと、誌名があり、目次、タイトル、筆者名がある。事前検閲、事後検閲という欄があり、前者の場合は事前検閲と書いてあるところにチェックをする。調査者の名前を書く欄があって、これに検閲者の名前が書いてあり、そして校正刷が何日に提出され、いつOKになったか、HOLDになったか、校正刷・英訳者、削除された校正刷をみた日というふうに、かなり細かくできている。

雑誌調書の最後のところに、Possible InformationとPossible Violation, Publication Repoted, Movie Repotedという欄があり、このとなりにYesとNoとがあり、そこへチェックすることになっている。

第一のものは、占領政策にとって有効な情報があるかないか。第二のものは記事の中に自由を侵す可能性がないかどうか』である。

「第二の Possible Violation は、掲載禁止の記事があったり保留記事があると Yes のところへ記入される。この Possible Violation の欄の Yes に何回もチェックされると、その雑誌はCCDに睨まれることになるだろう。

雑誌調書が、目次や筆者や検閲に関する事務上の記録であるとすれば、雑誌メモ綴（Magazine Routing）は、検閲者による雑誌の傾向調査のようにみえる。これは検閲のために検閲官がその雑誌なり新聞を読んで、その雑誌の思想傾向を書きいれ、その雑誌の傾向を調査するメモ綴りである。

この綴りの中のもっとも重要なのは、編集方針の調査で、Right, Center, Left, Conservative, Liberal, Radical という項があり、検閲者がそれぞれの欄に、号ごとに感想を記入するのである」

以上が雑誌検閲の方法である。高桑の新聞検閲の説明と対比すると、それほど大きな違いはないように感じられる。松浦は説明していないが、高桑が説明した新聞検閲の方法と同じように、CCDは雑誌の知名度、地域性（全国誌または地方誌など）、発行部数なども考慮しながら雑誌検閲を行っていたはずである。

では、書籍の検閲については、どうかというと、先ほどの日本人女性の仕事には、単行本の校正刷のチェックも入っているので、おそらく、書籍も同じ方法で検閲されたに違いない。

では、次に、この雑誌検閲の方法で、全文掲載禁止処分となった月刊『世界』のS・K論文と一部削除や全文掲載禁止扱いにならなかった田岡論文、菅原論文、戒能論文、清瀬論文、高柳論文を比較して見てみよう。

S・K論文と田岡論文、菅原論文、戒能論文、清瀬論文、高柳論文との比較

先に述べたプランゲ文庫にある東京裁判に関する一部削除や全文掲載禁止の論文を調査した勝岡は、例えば第一ブロックに属する月刊『世界』（昭和二十一年四月号）に掲載予定だった全文掲載禁止扱いのS・K論文（「文明の審判――戦争犯罪人裁判」）について、次のように紹介しているが、この論文の表現がいかに直接的なものかは、一目瞭然であろう。

『聯合國は、ナチス・ドイツ及び軍閥日本の指導者達の、平和に對する犯罪を訴追するといふ。これは種々の觀點から、國際法上新たな課題を提起してゐるものである。（中略）實体《じってい》國際法は、特定の戰爭を不法な戰爭として禁止してゐるものの、かかる不法な戰爭を計畫し遂行した個人の責任を問ふ規定を含んではゐない。（中略）かかる立場に立つならば、日米開戰直後國防安全の必要からアメリカ政府がとつた日本人の奥地强制移住措置の如きも、そのアメリカ国内法上の合法性如何《いかん》にかかはらず、もしも我々が、これを人道に對する犯罪と看做した場合には、

ルーズヴェルト大統領の責任を訴追することができるといふことになるであらう。（中略）かかる新たな法理が國際法上確立されるとするならば、主權の問題は、世界國家の出現がないかぎり、永遠の混迷の裡《うち》に没することとなるであらう。（中略）我々の希望は、この「事後の法律」が、單なる勝者による專斷に堕しないことである。萬一《まんいち》にもここに過誤が犯されるならば、不幸は單に戰敗國にもとどまらないのではないか。新たな法を創成せんとするこの目的から、法自體の破壊となる結果を将来する危檢がないとはいへないからである』

この論文とは対照的に、第一ブロックに属する田岡論文が、一部削除された箇所があったにせよ、全文掲載禁止を免れたのは、第一に事前に戦敗国の指導者や軍人に対して戦犯裁判があることが分かっている場合、逆に戦争が長期化し、無益な死傷者を双方にもたらすという理由で戦犯裁判に反対する議論を行いながらも、一方で罪刑法定主義を国際刑事裁判に適用することについては疑義を唱えていること、第二に昭和二十年十一月創刊の『新生』という総合雑誌が第一ブロックに属していても、知名度が低く、発行部数が少ないことが考慮され、社会的影響が小さいと判断したことに理由があるのではないかと考えられる。

同じ第一ブロックに属する菅原論文が掲載されたのも、第一に勝者が敗者を裁くことは正しいことなのかどうかということ、講和会議前の戦争継続中に裁判を行うことは裁判の公正を保つことができるのかどうかということ、戦犯を裁くための準拠法がないことなどを指摘しながらも、一方で東京裁判によって戦争防止が実現できるならば、東京裁判には存在価値があることを認めて、バランスをとっていること、第二に昭和二十一年発行の『法律新報』が第一ブロックに属していても、専門誌であるがゆえに発行部数が少ないことが考慮され、社会的影響が小さいと判断したことに理由があるのではないかと考えられる。

また同じ第一ブロックの『歴史評論』に掲載された戒能論文も、掲載された理由としてまず、第一に事後検閲後の発行であるが、後にGHQからクレームを受けないために東京裁判を弁護しながら大東亜戦争の侵略性も強調してバランスをとっていること、第二に雑誌の分野が一般誌ではなく、歴史の専門分野に属すること、第三に知名度が低く、発行部数が少ないことが考えられる。

さらに、『書評』に掲載された戒能の二つ目の論文を見ても、上述と同じ理由で第一に罪刑法定主義に反した東京裁判を厳しく批判しながら、一方で侵略戦争の処罰を追求する重要性も同時に唱えて、バランスをとっていること、第二に雑誌の分野が評論で、知名度が低く、発行部数が少ないことなどが掲載理由となっているのではないかと考えられる。

同じ第一ブロックの『経済新誌』に掲載された清瀬論文も、事後検閲後の発行（昭和二十三年七月二十日）となっているが、後からのクレームを避けるため、非常に直接的な表現をとりながらも、最後に清瀬が本文執筆の態度として、「本文に於て私は私の意見や結論は一切差控えた」というコメントを書いてバランスをとっていること、第二に雑誌の分野が一般誌ではなく、経済の専門分野に属すること、第三に知名度が低く、発行部数が少ないことが大きな掲載理由になっているのではないかと考えられる。

一方、『法律タイムズ』に掲載された最初の高柳の論文を見ても、批判の仕方が非常に直接的ではあるが、これも後からのクレームを避けるためか、判事の多数意見も掲載しており、ローリング判事、パール判事、ベルナール判事の反対意見として弁護側の法律論に対する批判も同時に掲載してバランスをとっていることが分かる。

第二に雑誌の分野が一般誌ではなく、法律の専門分野に属すること、第三に知名度が低く、発行部数が少ないこと、第四に、この時期には、既に事後検閲となっているため、監修者の高柳の判断で掲載できたと考えられる。

また二つ目の論文も、検事側の法律論を同時に掲載してバランスをとっていることが最大の理由であると思われる。

以上、雑誌に掲載された東京裁判批判の論文を見てきたが、実は、占領期間中には東京裁判を批判した書籍も出版されているのである。

では、次に、この問題について詳しく見てみよう。

東京裁判を批判した東京裁判弁護人高柳賢三の書籍

先に述べたように、昭和二十三年十一月十五日に『極東裁判と國際法』（有斐閣）を上梓した高柳賢三は、この中で、「この法律論はキーナン主席檢察官が最終辯論において陳述し、カー英國檢察官が最終辯論においてこれを補修した檢察側の法律論を個別的に又全体として反駁したもの」であったが、檢察側の法律論的立場とは「對照的見解をとる辯護側の法律論を詳細に展開した著書ないし論文はわが國では一つもあらわれてゐなかつた」と述べている。

その意味で、高柳は、本書について、「法廷辯論を内容とするので、体裁は自然要約的であり、反駁に重點がおかれているのであるが、檢察側と対照的な國際法論として、戰爭犯罪に關する國際法問題の公正な學的檢討に對して若干の寄与をなすもの」であり、「さらに又極東判決の法律論は檢察側と辯護側との相反する法律論を充分に聞いた上でなされたのであるから、檢察側のみの主張だけでなく、辯護側がこれにたいし、いかなる法律的主張をなし、それら二つの主張が判決においてどういう風に裁かれたかを知るためにも」、東京判決の法律論の研究上便利な文献の一つとして役立つものとしている。

では、次に高柳が本書の中で、具体的にどのような弁護論を展開しているのかを見ていこう。

まず高柳は、序言からいきなり、『「侵略戰爭は個人責任を伴う犯罪である」といふテイゼをわたくしは否定する』と述べ、『かくしてわたくしは、檢察側の理論的挑戰に應じて、法理論として二つのことを主張した。第一は國際條約及び國際慣習に照らして、「侵略戰爭は個人責任を伴う犯罪である」といふ法的提言は國際法上存在しないといふことである。國際連合憲章もかかる提言を認めてはゐないのである。もしこれが正しいとすれば、法に非ざるこの提言にもとづいて、個人を處罰することは、人類多年の政治的闘爭によつて確立した正義の初歩的原理たる事後法禁止の原理、ないし罪刑法定主義の侵犯となるから、裁判所はこれをさけねばならないといふことである（傍線は著者、以下同様）。……ある特定の戰爭が侵略戰爭であるかどうかの決定に必要な公正な裁判機關について、戰勝國の政治家にたいしても裁判管轄權をもち、その判決に服せしめるごとき機關を設けることは、事實上不可能である。國際政治の複雑な現實にてらして、侵略戰爭と防衛戰爭とを分つ基準を定めることは、過去二十年にわたり各國の學者、政治家によつて多大の研究的努力がはらわれたにもかかわらず、遂に失敗に歸したのである。なんら基準なくして、又はある獨斷的基準によつて、これを判定しうるものとするならば、戰敗國政治家はいつも侵略者であるとの判定をうける、危險な傾向を伴ふこととなるので、それはかえつて國際法そのものの權威をきずつけることとなる』と檢察側の法理論を批判している。

さらに高柳は、著書の第一部を降伏文書と裁判所条例、共同謀議、侵略戦争、国際法条約等を侵犯する戦争、殺人の罪、通例の戦争犯罪、個人責任、検察側の提唱する新国際法理論に分け、検察側冒頭陳述に対して、例えば次のように反駁している。

『（著者注：降伏文書と裁判所条例について）……事後處罰は裁判の假面をかぶつた死刑に他ならない（傍線は著者、以下同様）という感情は、歐州におけるいわゆる啓蒙期の所産ではなく、東西古今を通ずる普遍的な正義観念をあらわすものである。尤もそれは古今の暴君によつて屢〻やぶられはした、今後文明諸國が、國際法上の義務に違背した個人を處罰する法典を制定することがあるとすれば、罪刑法定主義はその根本原理の一つとせられるであろう。またそうせられなければならない。

従つてわれわれは、共同謀議の罪、いわゆる平和に對する罪及び人道に對する罪（「戰爭犯罪」の一部をなす場合はこれを別にして）は未だ國際法の認めざるところであると主張する。かりにそれが戰時中に各國民を拘束する法となつたと假定しても、本件で問題となる行為がなされた當時の法ではなかつたのである。いやしくも正義の問題が反省される場合には常に不正とされる事後法たること明白である。かくの如き事後法を被告人に對して適用することは、文明的裁判ではなく、また「ポツダム宣言」の裁判でもない』

また第二部では、「戦争犯罪人」、不戦条約と自衛権、共同謀議、殺人の罪、「通例の」戦争犯罪の罪、被告人の責任に分け、検察側が最終陳述において提出した新しい法律論や補充した別の法律論に対して、例えば、次のように反駁している。

「(著者注：パリ条約と自衛権について)……(二)B-十四節(記録三九、〇二五頁)には、自衛なりやいなやは裁判所の決定すべき事項であるとする。これは米国の最高政治家が繰返して、聲明したところと全然相反する主張である。これらの政治家はなにが自國の自衛權の發動であるかは各國が自ら決定しうべきであり、米國も其他の國々もいかなる裁判所にもこれを附託することには應諾しないと述べてゐるのである。そして國家の自衛行為に對し輿論は或はこれを喝采し或は非難するであらうといつて居る。彼等のいはんとしたのはその言明通りである」

最後に、高柳は、結語として同書を次のように結んでいる。

『来るべき世代の東洋の人々が――いな人類全體が――、この劃期的判決を廣い歴史的視野からふり返つて眺めるとき、三世紀にわたる期間において、西洋の政治家や将軍がその行つた東洋地域の侵略について處罰をうけたことが一回もなかつたことを想起して、かれらは、東洋の一國の指導者に對し、事後法に基く處罰を行つたことについて大いなる不正が犯されたことの感想を抱くに至るかもしれない。……かかる事後法的處罰は又、今や最高司令官の總明な指導の下に、新憲法の嚴格な遵守、從つて又その不可分の一部をなす事後法による處罰禁止の規定の嚴格な遵守を誓約している日本國民に對して、残酷な模範を示し、かれらの殊勝な熱意を冷却せしめることともなるであらう。かくしてそれはかれらに、勝利者の法と被征服者の法とは別物であるとの深い印象を與へるであらう。かかる不正は、正しい法の支配なる「一つの世界」の建設に役立つことのない權力政治のあらわれたにすぎぬものとみられるであらう。

そればかりではなくさらに、この歴史的なそして又劇的な裁判において、かような前例が設けられることは、本裁判所に代表せられてゐる戰勝諸國における刑事裁判の将来にも深刻な影響を與へることとなるかもしれない』

『極東裁判と國際法』はなぜ発行停止と没収処分を免れたのか

この高柳の著作を見ると、東京裁判の弁護側の法律論を中心に、忌憚のない東京裁判批判を展開すると同時に、その論文の英訳も掲載していることが分かるが、日本語論文だけでなく、その英訳も掲載したということは日本人だけでなく、日本国内の外国人にも、広く読んでもらおうとする意図があることは間違いないだろう。

また、この著作が東京裁判の判決日（十一月十二日）の三日後、A級戦犯七名の処刑日（十二月二十三日）から数えて約四十日前に出版されたことも注目に値するだろう。

スタンフォード大学フーバー研究所客員研究員の西鋭夫は、その著書で「事後検閲になると、

ＧＨＱを通過するかどうか発刊までわからない。しかもＧＨＱにプレス・コード違反と認定されると、即時発刊停止ないしは没収処分を受けた。いったん発刊停止処分にあうと、発行責任者の金銭的損失はばく大で、このことが思想統制の効果的手段となった」と述べているが、では、なぜ有斐閣はこの書籍を出版できたのだろうか。

こうした点を確かめるため著者は、有斐閣に電話で問い合わせてみた。応対してくれた書籍編集第一部のＴ氏によれば、当時の出版事情は分からないが、記録によると第一刷の出版部数は千部から五千部以内で、非常に少ない出版部数となっている。また増刷がなく、第一刷だけで終わったようだが、出版後に当局からクレームを受けた記録もないので、そのまま流通していたようであるとのことだった。

この説明から高柳の著書は、出版後に当局から発行停止や没収処分を受けなかったことが分かるが、この理由として、先に述べたように、第一に検事側の法律論も紹介してバランスをとっていること、第二にこの書籍の分野が一般書ではなく、法律の専門分野に属すること、第三に社会的影響を考慮して発行部数を少なく抑え、第一刷で終わらしていることが考えられる。

日本が独立を回復した昭和二十七年四月二十八日に、『極東国際軍事裁判における印度・パール判事の判決文　日本無罪論——真理の裁き』（太平洋出版社）の題名で、パール判事の意見書の要約を出版した田中正明は、同書で占領期間中に「幾人かがこれの出版を企画したそうである。だが、そのたびにＧＨＱは、出版は自由だが、ただし関係者の身分は保障のかぎりではない、とおどしていた。たしかに、これをあえてなすことは、マッカーサーの占領政策に対する真向からの挑戦である。生やさしい覚悟では手をつけることはできない」と述べているが、確かに、この書籍は高柳のとは違ってパール判事が自己の見解を基に、検事側の主張を批判して全員に無罪判決を下したことを要約したものであるから、たとえ事後検閲のため自由に出版できたとしても、後からの発行停止や没収処分を考えると、生やさしい覚悟で出版することはできなかったに違いない。

さらに著者は、国立国会図書館の資料の中から、東京大学法学部を中心とする「財團法人國家學會事務所」発行の『國家學會雑誌』（昭和二十三年第六十二巻第十一号）に掲載された、次のような『極東裁判と國際法』の広告を発見したが、現在から見ても全く遜色のない広告内容を堂々と掲載できたのは、やはり発行部数が少ないため社会的影響が小さいと判断してのことだと考えられる。

『英米法學会の権威である著者が、極東國際軍事裁判の一辯護士として且つは又國際法に關する世界的問題に対し學問的研究を結集してなされた大辯論の全容を収む。「侵略戰爭は個人責任を伴う犯罪である」との検察側の主張に著者が眞向から大膽且つ率直に反對論駁せられた法律論の深さは、たとえ、判決がどうなろうとも、世界的な學問上の問題として取上げられるで

東京裁判法廷で陳述する東條英機元首相

あろう（傍線は著者）。なお英文テキストとして辯論の全部を附載してあるが、英米法に關心をもたれる學究の徒にとり絶好の参考資料となるであろう』

出版後に発行停止処分を受けた『東條英機宣誓供述書』

一度、出版したにもかかわらず、後から発行停止処分を受けた書籍として、特に挙げておかなければならないのが、A級戦犯、東條英機元首相の『東條英機宣誓供述書』（洋洋社）であろう。

本書は、東京裁判で東條元首相が第二次近衛内閣陸軍大臣（昭和十五年七月）から内閣総辞職（昭和十九年七月）に至るまでの日本と連合国側の関係と戦争の動向について供述した内容になっているが、本書が東京裁判進行中の昭和二十三年一月二十日に、「東京裁判研究会」によって洋洋社から出版されたことは、高柳の書籍以上に注目に値するであろう。

本書も序言からいきなり、『「東條英機供述書」は「天皇に責任なし、敗戰の責・我に在り」と明言し、太平洋戰争は日本にとつては、米英蘭の仕向けた挑戰に對する自衛戰だと主張して（傍線は著者、以下同様）、一世の視聴をあつめた世界史的文献である』と述べ、次のように東條英機の供述をまとめている。

『第一に満洲事変から太平洋戰争を通じて共同謀議による侵略計画はなかつたこと、第二に太平洋戰争は、あくまで連合国側の挑発によつて惹起されたものであつて侵略戰争ではないこと、第三に大東亜共栄圏の建設も、東亜民族の意思に基く「解放」であり、侵略ではないこと、第四に「対米英開戰」の決定の責任は天皇にあるのではなく、全閣僚にあること、第五に敗戰に対する責任は、日本國民に対してのみ負うこと』

この『東條英機宣誓供述書』を再販した東條英機元首相の令孫、東條由布子は、前書きで本書が〈出版されるとすぐ、連合軍総司令官のマッカーサー元帥によって昭和二十年九月から敷かれていた報道管制の一環として、この『東條英機　宣誓供述書』は「発禁第一号」に指定されてしまいます。そのため、長いあいだ日の目を見ることがなかったというわけです。

それでも、当時この本が世に出たということは、ひじょうに重要なことだと思うのです。連合軍の検閲によって、発行者には後ろに手が回るという危険もあったことでしょう。そのような危険も顧みずこの本を出版した方の「勇気」に私は敬意を表さずにはいられません〉と述べているが、西鋭夫や田中正明が言うように、いったん発刊停止処分にあうと、発行責任者の金銭的損失は莫大なわけであるし、関係者に迫害がおよぶことから見て、事前検閲で発禁扱いを受けたものを後から無断で出版したとは考えにくい。

著者は、この件について、彼女に電話で問い合わせてみたが、彼女によれば、『「発禁第一号」に指定されたというのは出版社が勝手に書いたものだが、この本が出版後に発禁になったことは色々な本に書かれているし、皆がこの本を隠して持っていた』という。

また著者は、この本に削除部分がないかを確かめるため原本の『極東國際軍事裁判速記録』（第八巻、雄松堂書店）の東條英機の供述の部分と読み比べてみたが、この本の中にある北部仏印進駐の十四の「後者は二千位と記憶して居ります」（速記録では「後者は二萬二千位と記憶して居ります」）に誤記が認められるくらいで、その他は全く同じであった。

大東亜戦争を正当化したり、東京裁判を批判したりした書籍は、CCDの事前検閲に引っ掛かるはずなのに、なぜ洋洋社は、この本を原文通りに出版できたのだろうか。

その理由は、CCDが洋洋社を穏健な出版社だと判断したことや高柳の書籍のように、この書籍も、一般書とは違って出版部数を少なく抑えているため社会的な影響が小さいと判断したとも考えられるが、検事側の主張も入っていないことや、少しも削除された形跡がないことから考えて、それだけとは考えにくい。

考えられることは、本書の第二部の第二章で奥泉栄三郎が「昭和二十二年十月十五日現在で、十二の出版社がひとつの条件付で事後検閲下に置かれていた。その条件とは、連合国・占領軍・

あるいは広く占領目的を取扱うすべての書籍は、あくまで事前検閲対象として据置くという内容であった」と述べているように、当局から事後検閲扱いを受けていた洋洋社は、後からプレス・コードに引っ掛かからないように「大東亜戰爭」の使用を避けて「太平洋戰爭」を使って出版したが、検事側の主張を掲載してバランスをとっていなかったため、後からプレス・コードに引っ掛かって発行停止処分を受けたことである。

こうした点を確かめるため著者は、洋洋社に電話で問い合わせてみたが、当時の出版事情が分かる者はいないし、原本も残っていないので質問には回答できないということだった。

だが、これまでの分析から考えて、同書の場合も、検事側の主張を一緒に掲載してバランスをとっていたならば、きっとプレス・コードに引っ掛かることはなかったと思われる。

パール判事の意見書の要約を掲載した『東京裁判　第八輯』

東京裁判を批判したパール判事の意見書の要約を掲載した書籍として忘れてはならないのが『東京裁判　第八輯』（ニュース社）である。

昭和二十一年十月に、同書よりも先に出版された『東京裁判　第一輯』は、東京・市谷台の旧陸軍省参謀本部跡で行われた東京裁判を傍聴した朝日新聞法廷記者団が開廷以来、元満洲皇帝溥儀の証言に至る審理の経過について、主に検事側の立証を中心とした資料を整理した裁判記録であるが、二年半後に出版された同書は、東京裁判の判決が中心となっている。

本書の第二部の第二章にある「少数判事の意見」では、「ウエッブ裁判長の単独意見」「フランス代表アンリ・ベルナール判事の反対意見」「インド代表パル判事判決書」と題した三名の判事の少数意見の要約が掲載されているが、同書も同じパール判事の意見書を要約して昭和二十七年四月に、太平洋出版社から出版した田中正明の書籍よりも三年も早い、昭和二十四年二月に出版されていることは注目に値するだろう。

当時は、既に事前検閲が廃止されて事後検閲に切り替わっているため、高柳の『極東裁判と國際法』（有斐閣）と同様に、自由に出版できたことは間違いないはずであるが、問題は後で、当局からクレームを受けたかどうかである。

朝日新聞法廷記者団は、本書の「はしがき」で、「判決篇を編むにあたつて成るべく全文を贈りたいとわれわれは思つた。とくに少數判事の意見書も殘さず讀者の檢討にゆだねたいのがわれわれの素志であつた。しかし現在の事情では、出版社の意向を無視するわけにはいかない。これはこうしたレポートの一貫して持つ惱みの一つである（傍線は著者）。しかし判決は要約して讀者がこの裁判の結末を知られるには支障のない重要點のみは、すべて網羅したつもりである。たゞしパル判決書は、多數決判決を超えること數ページの大量のもので、その全貌を知りうる結論的なもののみに一應集約せざるをえなかったことをお詫びしておく」と述べていることから、当時の出版状況の厳しさが分かるだろう。

現在、同書を出版したニュース社が存在しないため、この時の出版事情を色々と確かめることはできないが、『極東裁判と國際法』（有斐閣）と同様に、本書もパール判事らの少数意見の要約の他に、他の判事の多数意見や検事側の主張も掲載して裁判の記録をバランスよく収録しているため、後から当局のクレームを受けることはなかったと考えられる。

以上、新聞、雑誌、書籍の中に、なぜ削除や全文掲載禁止、発行停止処分を受けなかったものや出版後に発行停止処分を受けたものが存在するのかについて、考えられる限りの理由を列挙してみたが、これまでの分析から考えて、こうしたものが、今でも全国の図書館など至る所で未発見のまま眠っていることは間違いないと思われる。

次の第三部では、「東京裁判は誤り」が日本全国に流布するまでの経緯（朝鮮戦争の時に行われたウエーキ島会談から翌年にマッカーサーが一切の職務を解任された後に開催された米国上院軍事外交合同委員会主催の聴聞会まで）について、見ていきたいと思う。

第二部

マッカーサー解任の内幕と「東京裁判は誤り」の謎と真実

極東国際軍事裁判、即ち東京裁判は、二十一世紀に入れば必ず多くのアジアの国々によって見直されるだろう。そして第二回東京裁判が実現する。その頃はアジアも世界も良識をとりもどし、すべてが公正にして真理の法の前に平等に裁かれる。

その時こそ東亜積年の侵略者である欧米列強の英雄たちは、こぞって重刑に処せられ、かつて東京裁判で重罪をこうむった日本人、なかんずくA級戦犯の七柱は、一転して全アジアの救世主となり神として祀られる日がくるだろう。またそのようになるべきであろう。

――ヘランボ・ラル・グプタ（インド独立運動の指導者）

第一章　朝鮮戦争の勃発から米上院軍事外交合同委員会聴聞会まで

朝鮮戦争の勃発と「トルーマン・マッカーサー抗争」

朝鮮戦争の勃発

日本占領が開始されてから、四年十カ月が経った昭和二十五年六月二十五日、北朝鮮軍が韓国に侵攻するという大事件が発生した。これが、いわゆる「朝鮮戦争」である。

これによって日韓併合終焉後の朝鮮半島が共産主義勢力の脅威に直接さらされるという、戦前の日本が最も恐れた悲劇的なシナリオが現実のものとなったわけである。

アチソン国務長官は同年一月十二日に、ワシントンで「もし共産側の武力侵入が行われてもアメリカは朝鮮へ地上軍を派遣しない」というアジア問題に関する有名な演説を行って朝鮮半島に対するアメリカの基本的な軍事戦略を内外に示唆し、この演説が「のちに議会筋とくに共和党によって、北から南へ侵攻をみちびく原因となったものとしてはげしく批難されることになった」わけであるが、この戦争が勃発した背景には、こうした朝鮮半島に対するアメリカの基本的な軍事戦略が大きく反映していたことを忘れてはならないだろう。

翌日に国連安保理事会が開催され、アメリカが提出した決議案（「北朝鮮軍の行動は平和の侵犯と侵略行為であると宣告し、北朝鮮軍の即時停戦と撤退を呼びかけ、国連加盟国にあらゆる援助を提供するよう要請するもの」）が採決された。

この決議がソ連の欠席とユーゴの棄権によって九対〇で可決された後、第二回目の安保理事会が二十七日に開催され、トルーマンが既に発令していたアメリカの軍事的措置（台湾海峡への第七艦隊の派遣など）が公式に追認された。

アメリカの参戦

アチソンが講演の中で示唆したように、「北朝鮮からの攻撃にたいして、韓国軍に抵抗力がなく、国連の措置も効果がない場合には、韓国の放棄もやむをえなし」という本来のアメリカ政府の朝鮮半島に対する基本的な軍事戦略は、自国のリーダーシップと援助によって構築されたヨーロッパの防衛体制を強化するために、朝鮮戦争に断固として参戦しながらも、あくまで局地戦争で終わらせて全面戦争に発展させないという要請から変更を余儀なくされていった。

このため、トルーマンは三十日に、首脳会談において、マッカーサーを司令官に地上軍を派遣して朝鮮戦争に参戦する決定を行った。こうしたアメリカの方針は、国連安保理事会によって承認され、やがて国連軍の呼称でアメリカ軍は朝鮮戦争に介入していくのであるが、当初のアメリカと国連の戦争目的が「（北朝鮮の）武力攻撃を撃退し、国際平和とその地域（韓国）の安全を回復する」（安保理事会七月七日決議）ことにあったことは重要である。

トルーマン・マッカーサー抗争

七月五日、米軍の第二十四師団所属の歩兵部隊が首都ソウル以南の烏山郊外で始めて中共軍と交戦したころ、トルーマンは、イギリス政府からの要請によって全面戦争化を避けるために、ソ連や中国を刺激しない方策をとった。

この方策に対して、不満をいだいたマッカーサーは、やがてアメリカ政府と戦争指導方針について、激しく対立するようになっていくのである。

これが、いわゆる「トルーマン・マッカーサー抗争」であるが、両者の考え方が最も対立したのが、中国と台湾に対する政治的見解の相違だったと言われている。

米国家安全保障会議は二十七日に、統合参謀本部の勧告を受け入れて台湾防衛の強化のため蔣介石に軍事援助を与えることを許可した。

　このため、本国から蔣介石が必要とする物資の調査を指示されたマッカーサーは三十一日に、台北を訪問した後、東京へ戻ってから蔣介石との取り決め（共産主義に対抗する協力体制）を発表した。

　これに対して、アチソンは、マッカーサーが政府の台湾中立化政策を無視し、台湾の攻撃的姿勢を支持したのではないかと危惧したため、シーボルトに詳報を求めたが、マッカーサーは、アメリカは台湾との外交関係をもっと緊密にすべきだとの見解を示したのである。

　マッカーサーは、後から特使として派遣されて来たハリマン大統領特別顧問との会談を通じてトルーマンからの指令に服従することを約束したが、八月十日に発表した訪台についての声明は、トルーマン政府の「敗北主義と融和政策」を糾弾するものであったため、両者の敵意はいっそう深まっていった。

　その後、トルーマンは、緒戦で韓国南端の釜山まで侵攻してきた北朝鮮軍を追い払うためソ連と中国の介入がない場合、アメリカ地上軍は三十八度線以北を侵攻し、北朝鮮を占領してもよいという許可をマッカーサーに与えた。

　このためマッカーサーは、九月十五日の仁川上陸作戦の開始から次第に戦争を三十八度線以北に拡大していったのである。

ウエーク島会談とは何か

ウエーク島会談の真相

こうした状況の中で、同年十月十四日から十五日かけて、マッカーサー、トルーマン、ワシントン当局者との間で、主に朝鮮戦争の問題について話し合われたのがウエーク島会談であった。

このウエーク島での歴史的な会談の秘密文書は翌年五月二日に、トルーマンがマッカーサーを解任する原因となった軍事外交上の意見対立を調査している米上院軍事外交合同委員会によって公表されたが、それには「一九五〇年十月十五日ウエーク島で行われた発言内容——ワシントンからの参加者が記録したものをブラッドレー統合参謀本部議長が収録す」との表題が付されていた。

トルーマンは回顧録で、この会談を計画した理由として第一に、東洋に約十四年間いたマッカーサーに対して本国の事情と世界全般の情勢を自分から直接に話せば、もっと容易に順応することができること。第二に、中共の朝鮮動乱介入を北京報道によって知ったことの二点を挙げているが、これに対して、前出の袖井は、会談の目的は「大統領が翌月の中間選挙をまえにして、勝ち誇る現地司令官と親しく会談することによって、野党の共和党からの攻撃をかわし選挙の結果を有利に導こうと考えたためだというのがいままでは通説」となっていると述べている。

だが、マッカーサーが回想記で、「トルーマン氏はそのような動機で動いたとは思わず、会談の唯一の目的はお互いの好感情を育て、米国のために有益な結果を生み出すことだったと信じている」とトルーマンを弁護しているように、ウイロビーによれば、実際には「個人的に一度会ってみたい気持ちから、大統領はマッカーサーをワシントンに呼んで、思いのまま話そうとしたのだが、彼の側近たちは、もしそうすれば院内のチャイナ・ロビーが、彼らの英雄とあがめているマッカーサーを先頭に、大統領を攻撃するだろうからと反対し、かくしてウェイク島会談が行われた」ことが真相のようである。

マッカーサーの爆弾発言

マッカーサーは、トルーマンとの会談後、それぞれの随員を交えて再び会談した際、大統領顧問のハリマンから「北鮮の戦犯はどうするのか」との質問を受けたことに対して、次のような発言を行った。

「戦犯には手をつけるな。手をつけてもうまくいかない。現地司令官に一任するべきだ。ニュールンベルグ裁判と東京裁判は全く抑止力はなかった。残虐行為を行った者は、現地司令官の判断で対応する。私は、拘束したらすぐさま軍事委員会で裁くつもりだ」

実は、これが日本の新聞に掲載された「東京裁判は誤り」の元になるマッカーサーの爆弾発言だったのであるが、後に民族派論客の間でも論争の火種になっていくわけである。

このマッカーサーの爆弾発言は、既述した高柳の言説（「東京判決はポツダム宣言に伴う特殊の事情から生じた結果であって、占領地における軍指揮官の権能の一般的法理にはなんら影響を及ぼすものではないとして無視される可能性が相當濃厚なものではないかと思われる」）が正しかったことを裏付けるものであるが、トルーマンは回顧録で、この爆弾発言については、一言も触れていないし、マッカーサーも回想記では何も触れてはいないのである。

マッカーサーは、トルーマンから受けた朝鮮戦争の質問に対して、「中共介入の可能性はほとんどなく、戦争は感謝祭までには終わるだろうといった」が、この予想が後に、大きく外れて、中共が介入してきたため、彼は司令官の解任へと追い込まれていくのである。

マッカーサー解任の内幕

中共介入と国連軍の敗退

マッカーサーは、この中共不介入の予測に従って作戦を継続したが、十月二十四日に韓国軍第六師団が清川江上流近くの雲山で、鴨緑江を越えて北朝鮮に侵入した中共軍から攻撃を受ける事件が発生したため、トルーマンの懸念した中共介入が現実のものとなっていった。

これに対して国連軍は、十一月二十四日から、いよいよ本格的な攻撃を再開したが、国連軍の最後の攻勢が始まってから、一、二日のうちに中共側の大反撃が開始されたため米韓両軍は東部および西部戦線で大混乱に陥った。

このためマッカーサーの総攻撃の失敗が、わずか四日間で完全に明らかになり、その後、国連軍は、中共軍によって「十二月の退却」といわれる南下敗走を余儀なくされた。

この時に、米国家安全保障会議で、一番問題となったのは、マッカーサーに満州爆撃を許すかどうかであったが、それによってソ連の介入をまねき、ヨーロッパにおけるアメリカの軍事力を弱めると判断したアチソンとマーシャル国防長官によって、満州爆撃は見送られたのである。

トルーマンは、十二月十一日に開催された米国家安全保障会議で、必要があれば国連軍を朝鮮から撤退させることに同意した。

マーシャルも西欧重視から朝鮮撤退に同意し、ベデル・スミスＣＩＡ長官もソ連介入の可能性から中国に対する全面戦争に反対したため、事態は極めて悪化していった。

こうした事情からアメリカは、次第に勝利によってではなく、交渉によって戦争の終結を求めるようになっていった。

中国との休戦

こうした中で、国連は十二月十四日に、中国との休戦を求める決議を採択し、翌年一月十三日には休戦を求める五原則を採択した。このため朝鮮からの撤退は、もはや単なる可能性ではなく、現実味を帯びた問題として考慮されていった。

だが、新しく就任した第八軍司令官のマシュー・B・リッジウェイ中将は、米軍兵士の士気を高めるために、ローテーション・システム（「一定期間戦闘に従事した兵は日本で休養させ、また前線へ出動させる」）を確立して「退役病」の一掃をはかると同時に、戦闘目標を敵の人的消耗に置いて戦況の転換をはかることで、悪化した戦局を転換させることに成功し、全面反攻を開始するまでに至った。

こうして、アメリカが戦前の状態までの回復を目指して、中共に休戦を呼びかける大統領声明を発表しようとした矢先に、マッカーサーは三月二十四日に、ワシントンとの事前協議なしに、大統領声明と矛盾した中共側の軍事上の弱点を攻撃する声明を発表した。

さらに、マッカーサーは、三月二十日の米共和党下院院内総務のマーティン議員の手紙に対する返書で、「国府軍による中国の第二戦線設定を主張し、かつ政府のヨーロッパ第一主義を批難した」ため、「トルーマン・マッカーサー抗争」は、ついに破局の段階に達した。

マッカーサーの解任

このためトルーマンは四月十一日午前一時に、ホワイトハウスで異例の特別記者会見を開催して、ついにマッカーサーを一切の職務（米極東軍総司令官および同極東陸軍司令官・連合国軍最高司令官・国連軍最高司令官）から解任した理由を次のように述べ、後任としてマシュー・B・リッジウェイ中将を任命したのである。

「誠に残念ながら、私はダグラス・マッカーサー元帥がその任務遂行に当たり、米国政府および国連の諸政策を支持していないという結論に達した。米国憲法が私に課した責任、および国連が私に与えた責任に鑑み、私は極東司令官を更迭しなければならないという決断を下した。私はダグラス・マッカーサー元帥の任を解き、マシュー・B・リッジウェイ陸軍中将をその後任に任命した。……軍指揮官は、彼らに発令された政策と命令によって支配されることが、法律と憲法の定める基本原則である。危急なときにあっては、とくにその考慮が必要である」

米上院軍事外交合同委員会聴聞会の開催

マッカーサーの帰国

こうして、マッカーサーと、その家族は十六日に、十四年ぶりに帰国の途に就くと、全米各地で熱狂的な歓声と花吹雪の嵐が待ち受けていたが、マッカーサーにはワシントンで、もう一つの非常に重要な会議が待ち受けていた。

米上院軍事外交合同委員会が極東の軍事情勢と彼の解任について調査するために非公開での聴聞会を開催し、彼に証言を求めたからである。

この米上院軍事外交合同委員会が先に述べたウエーク島会談の内容（「ウエーク島会談に関する報告」）を五月二日に発表した後、その翌日からマッカーサーは、同委員会主催の聴聞会の一番手として三日間にわたって証言を行うのであるが、実は、このウエーク島会談とマッカーサー証言の内容は、米紙『ニューヨーク・タイムズ』のリークによって連日公開され、日本の全国紙および地方紙にも部分的に報じられたのである。

後に、日本で有名になったマッカーサーの第一日目の証言である「日本自衛戦争」論（「日本原産の動植物は、蚕をのぞいてはほとんどないも同然である。綿がない、羊毛がない、石油の産出がない、錫がない。ゴムがない。ほかにもないものばかりだった。その全てがアジアの海域に存在していたのである。もしこれらの原料の供給を断ち切られたら、一千万人から一千二百万人の失業者が日本で発生するであろうことを彼らは恐れた。したがって、彼らが戦争に駆り立てられた動機は、大部分が安全保障の必要性に迫られてのことだった」）についての記事は、日本の新聞紙上に掲載されることはなかったのであるが、ウエーク島会談でのマッカーサーの爆弾発言については、著者の調査で全国五十四社の新聞のうち、四十三社（七九・六％）の新聞が大きく報道していることが判明したのである。

次章では、この「東京裁判は誤り」の報道を検閲地域ごとに分析した後、この報道がなぜ日本全国に流布していったのか、その理由を見ていきたいと思う。

第二章　「東京裁判は誤り」の謎を解く

「東京裁判は誤り」はなぜ日本全国に流布したのか

「東京裁判は誤り」の報道に積極的だった東京大手六紙

表一は、東京（全国）大手六紙（朝日、夕刊毎日、夕刊読売、産経、日経、ニッポン・タイムズ）が、マッカーサーの「上院外交軍事合同委員会聴聞会の証言」（以下、「聴聞会の証言」と略す）、「ウエーク島会談秘密文書公表」および「極東軍事裁判は誤りであった」の記事を掲載したかどうかを示したものである。

これによると、『夕刊毎日』と『ニッポン・タイムズ』（現『ジャパン・タイムズ』）を除く、四紙が共同通信の配信した「聴聞会の証言」の記事を掲載していることが分かる。

一方、「ウエーク島会談秘密文書公表」の記事を見ると、全紙が掲載していることが分かるが、「極東軍事裁判は誤りであった」の記事については、『夕刊毎日』と『夕刊読売』を除く、四紙が掲載していないことが分かる。

次に、本書の巻末付録に掲載した「東京（全国）大手紙・地方紙に見るウエーク島会談秘密文書の報道記事」の第一ブロックの①東京（全国）大手六紙の『朝日新聞』と『日本経済新聞』を見ると、「戦犯裁判に警告の効なし」と「東京裁判の効果なし」の見出しで、ウエーク島会談でマッカーサーが言った東京裁判批判の一文（「東京裁判とニュルンベルグ裁判には警告的な効果はないだろう」）を掲載していることが分かるが、『産業経済新聞』（以下、『産経新聞』と略す）を見ると、「東京裁判は誤り」の見出しだけを掲載して、その記事については一切報じていないことが分かる。

一方、『ニッポン・タイムズ』を見ると、上述の東京裁判批判の一文を「Plea Reiterated」の見出しで掲載していることが分かるが、当時、「日本語の読めない進駐軍やその家族、それに外国の記者までが、東京で唯一の英字紙」である『ニッポン・タイムズ』に情報を求めていたことを考えると、『ニッポン・タイムズ』が掲載したウエーク島会談でのマッカーサー発言が彼らに与えた影響は、先に述べたパール判事の無罪判決と同様に、計り知れないものがあったに違いない。

表1　東京（全国）大手6紙

名　称（各都道府県）	上院軍事外交合同委員会主催の聴聞会の証言	ウエーク島会談秘密文書公表	極東軍事裁判は誤りであった	題　名
朝日新聞（東京都）	○	○	×	戦犯裁判には警告の効なし
夕刊毎日（東京都）	×	○	○	即時講和会議招集 マ元帥、日本問題で要請
夕刊読売（東京都）	○	○	○	東京裁判は誤り
産業経済新聞（東京都）	○	○	×	東京裁判は誤り
日本経済新聞（東京都）	○	○	×	東京裁判の効果なし
NIPPON TIMES（東京都）	×	○	×	Plea　Reiterated

〔注〕○は、その内容が掲載されたことを表す。×は、その内容が掲載されていないことを表す。題名は、ウエーク島会談でのマッカーサー発言の題名を表す。
〔出所〕昭和26年5月4日付の『朝日新聞』（朝刊）、『夕刊毎日』、『産業経済新聞』（朝刊）、『日本経済新聞』（朝刊）、『NIPPON TIMES』（朝刊）と5月3日付『夕刊読売』より筆者作成。

以上から第一ブロックに属する東京（全国）大手六紙は、「東京裁判は誤り」の報道に積極的だったことが分かる。

「東京裁判は誤り」の報道にあまり積極的ではなかった関東地方六紙

東京（全国）大手六紙とは、対照的に「東京裁判は誤り」の報道記事が意外と少ないのが、同じ第一ブロックの関東地方六紙（東京、いはらき、下野《しもつけ》、上毛《じょうもう》、埼玉、神奈川）である。表二を見ると、『神奈川新聞』を除いた五紙（東京、いはらき、下野、上毛、埼玉）が「聴聞会の証言」の記事を掲載していることが分かる。

次に、「ウエーク島会談秘密文書公表」を見ると、『埼玉新聞』を除いた五紙（東京、いはらき、下野、上毛、神奈川）が、これを掲載しているが、「極東軍事裁判は誤りであった」については、『いはらき』と『下野新聞』だけが「マ元帥東京裁判の誤りを信ず」と「東京裁判の誤りを信ず」の見出しで掲載していることが分かる。

一方、本書の巻末付録に掲載した「東京（全国）大手紙・地方紙に見るウエーク島会談秘密文書の報道記事」の第一ブロックの②関東地方六紙を見ると、『東京新聞』は、「極東軍事裁判は誤りであった」の一文を掲載していないが、その代わりに、「中共は介入すまい」の見出しで『東京裁判とニュルンベルグ裁判には「警告的な」効果はないだろう』の一文を掲載してい

表2　関東地方6紙

名称（各都道府県）	上院軍事外交合同委員会主催の聴聞会の証言	ウエーク島会談秘密文書公表	極東軍事裁判は誤りであった	題名
東京新聞（東京都）	○	○	×	中共は介入すまい
いはらき（茨城県）	○	○	○	マ元帥東京裁判の誤りを信ず
下野新聞（栃木県）	○	○	○	東京裁判の誤りを信ず
上毛新聞（群馬県）	○	○	×	―
埼玉新聞（埼玉県）	○	×	×	―
神奈川新聞（神奈川県）	×	○	×	―

〔注〕○は、その内容が掲載されたことを表す。×は、その内容が掲載されていないことを表す。題名は、ウエーク島会談でのマッカーサー発言の題名を表す。
〔出所〕昭和26年5月4日付の『東京新聞』（朝刊）、『いはらき』（朝刊）、『下野新聞（朝刊）』、『上毛新聞』（朝刊）、『埼玉新聞』（朝刊）、『神奈川新聞』（朝刊）より著者作成。

ることが分かる。

では、第一ブロックの関東地方六紙の中で、「東京裁判は誤り」について完全に「自主規制」を実施した新聞（上毛、埼玉、神奈川）と間接的な表現で報道した新聞（東京、いはらき、下野）とに大きく分かれたのはなぜだろうか。

その理由として、昭和二十四年十月二十四日から、新聞通信の事後検閲が廃止されたとはいえ、内面指導があったために完全な自由報道は、出来ない状態だったことが考えられる。

事前検閲が昭和二十三年七月十五日に廃止された後、事後検閲になったことは既述したが、前出の奥泉は、『殆どの事後検閲扱い出版社は、問題を起こして事前検閲扱いに逆戻りするのを恐れて、「出版法」を遵守した』と述べている。

またAP通信東京支局長ラッセル・ブラインズも昭和二十三年八月十二日付『ニッポン・タイムズ』で、「七月十五日、日本の大新聞にたいする事前検閲が廃止されていらい、日本の新聞記者はどの記事がマッカーサー将軍のプレス・コードにふれるかということを、自分たちで、決定せざるを得なくなった。……新聞の責任者たちは……占領軍に対する批評、あるいは『不精確なニュース』を禁止する司令部の命令に違反してGHQから報復されるよりも、問題の記事をさしひかえる方が安全だと考えた」と述べている。

つまり、事後検閲だからといって自由に報道すると、後で当局からの報復を受けるので、日本の新聞は、自ら進んで「自主規制」をするようになったというわけである。

たとえ、事後検閲が廃止されても、新聞指導、統制の基本方針、内面指導などは厳然として残ったわけであるから、それに抵触すれば厳重な処分を受けることは予想できるわけである。だから事後検閲が廃止されても、当局からの報復を恐れて「自主規制」をそのまま継続したとしても不思議ではないだろう。

以上から、事後検閲が廃止されてからも、『上毛新聞』『埼玉新聞』『神奈川新聞』が「東京裁判は誤り」を完全に「自主規制」し、『東京新聞』『いはらき』『下野新聞』だけが「自主規制」せずに、いつものように間接的な表現を使って掲載したのは、こうした事情が背景にあったことが分かるが、事後検閲が廃止されてからも、『上毛新聞』『埼玉新聞』『神奈川新聞』が「自主規制」を行ったのは、この記事がそれだけショッキングだったからに違いない。

先述した読売新聞の高桑は、事前検閲期の外電記事について、「なお地元紙は内政、外電記事は全部東京で検閲済みの共同通信を使用しているので、問題になったことは一度もない。概して検閲はフリーである」と述べているが、この時期の共同通信の配信記事は、既にCCDの事後検閲を受けていなかったわけであるから配信された記事を掲載するか、しないかは関東地方六紙の報道姿勢にかかっていたことは間違いないだろう。

このことは、先述した①東京（全国）大手六紙の中で、『産経新聞』だけが、なぜ見出しだ

東京裁判は誤り
ウェーク会談の内容公表
マ元帥披瀝

昭和26年5月4日付『産経新聞』（朝刊）

けの掲載にとどめたかを考える上でも重要な手掛かりになる。なぜなら『産経新聞』は、事後検閲が廃止されても、当局からの報復を恐れて見出しだけの間接的な表現で報道したことが考えられるからである。

いずれにしろ、関東地方六紙の中で、「東京裁判は誤り」に対して「自主規制」を実施した新聞（上毛、埼玉、神奈川）と間接的な表現で報道した新聞（東京、いはらき、下野）とに大きく分かれたのは、両者の報道姿勢の違いに原因があったことは間違いないだろう。

「東京裁判は誤り」の報道に比較的積極的だった中部・東海地方七紙

次に、第二ブロック（北海道地方、東北地方、中部・東海地方、近畿地方）の中部・東海地方七紙（山梨日日、信濃毎日、静岡、東海夕刊、岐阜タイムス、中部日本、中部経済）を見てみよう。表三を見ると、『信濃毎日

表３　中部・東海地方７紙

名　称（各都道府県）	上院軍事外交合同委員会主催の聴聞会の証言	ウエーク島会談秘密文書公表	極東軍事裁判は誤りであった	題　名
山梨日日新聞（山梨県）	○	○	○	東京裁判は誤り
信濃毎日新聞（長野県）	×	○	○	占領費負担も勧告
静岡新聞（静岡県）	○	○	○	「極東裁判」は誤り
東海夕刊（岐阜県）	○	○	○	東京裁判は誤り
岐阜タイムス（岐阜県）	○	○	×	－
中部日本新聞（愛知県）	×	○	×	－
中部経済新聞（愛知県）	○	○	×	－

〔注〕○は、その内容が掲載されたことを表す。×は、その内容が掲載されていないことを表す。題名は、ウエーク島会談でのマッカーサー発言の題名を表す。
〔出所〕昭和26年5月4日付の『山梨日日新聞』（朝刊）、『信濃毎日新聞』（朝刊）、『静岡新聞』（朝刊）、『東海夕刊』、『岐阜タイムス』（朝刊）、『中部日本新聞』（朝刊）、『中部経済新聞』（朝刊）より著者作成。

新聞』と『中部日本新聞』を除いた五紙（山梨日日、静岡、東海夕刊、岐阜タイムス、中部経済）が「聴聞会の証言」の記事を掲載していることが分かる。

一方、「ウエーク島会談秘密文書公表」の記事を見ると、全紙が掲載しているが、「極東軍事裁判は誤りであった」については、『岐阜タイムス』、『中部日本新聞』および『中部経済新聞』を除いた四紙（山梨日日、信濃毎日、静岡、東海夕刊）だけが、「東京裁判は誤り」「占領費負担も勧告」『「極東裁判」は誤り』「東京裁判は誤り」の見出しで掲載していることが分かる。

以上から第二ブロックの中部・東海地方六紙の中で、「東京裁判は誤り」に対して、「自主規制」を実施した新聞（岐阜タイムス、中部日本、中部経済）と間接的な表現で報道した新聞（山梨日日、信濃毎日、静岡、東海夕刊）とに大きく分かれたのは、両者の報道姿勢の違いに原因があったことが分かる。

「東京裁判は誤り」の報道に比較的積極的だった北海道・東北地方七紙

では、同じ第二ブロックの北海道・東北地方七紙（北海道、東奥、新岩手、河北、山形、福島、秋田魁《さきがけ》）は、どうだろうか。表四を見ると、全紙が「聴聞会での証言」と「ウエーク島会談秘密文書公表」の記事を掲載していることが分かる。

一方、「極東軍事裁判は誤りであった」についても、『東奥日報』を除いた六紙（北海道、新

表4　北海道・東北地方7紙

名称（各都道府県）	上院軍事外交合同委員会主催の聴聞会の証言	ウエーク島会談秘密文書公表	極東軍事裁判は誤りであった	題名
北海道新聞（夕刊）（北海道）	○	○	○	東京裁判は失敗
東奥日報（青森県）	○	○	×	中ソ介入考えられず
新岩手日報（岩手県）	○	○	○	「警告的効果なし」マ元帥確信 極東軍事裁判は誤り
河北新報（宮城県）	○	○	○	ウェーク会談秘密文書 米上院合同委で公表
山形新聞（山形県）	○	○	○	東京裁判の誤り信ず
福島民報（福島県）	○	○	○	軍事裁判は誤り
秋田魁新報（秋田県）	○	○	○	東京裁判の誤り

〔注〕○は、その内容が掲載されたことを表す。×は、その内容が掲載されていないことを表す。題名は、ウエーク島会談でのマッカーサー発言の題名を表す。

〔出所〕昭和26年5月4日付の『北海道新聞』（夕刊）、『東奥日報』（朝刊）、『新岩手日報』（朝刊）、『河北日報』（朝刊）、『山形新聞』（朝刊）、『福島民報』（朝刊）、『秋田魁新報』（朝刊）より著者作成。

岩手、河北、山形、福島、秋田魁）が、それぞれ「東京裁判は失敗」『「警告的効果なし」マ元帥確信　極東国際軍事裁判は誤り』「ウェーク会談秘密文書　米上院合同委で公表」「東京裁判の誤り信ず」「軍事裁判は誤り」「東京裁判の誤り」の見出しで掲載していることが分かる。

以上から第二ブロックの北海道・東北地方七紙は、『東奥日報』を除いて「東京裁判は誤り」に対して比較的積極的であったことが分かる。

「東京裁判は誤り」の報道に比較的積極的だった近畿地方七紙

次に、同じく第二ブロックの近畿地方七紙（伊勢、大和、朝日、毎日、産経、京都、夕刊神戸）を見てみよう。表五を見ると、全紙が「聴聞会の証言」と「ウエーク島会談秘密文書公表」の記事を掲載していることが分かる。

一方、「極東軍事裁判は誤りであった」を見ると、『伊勢新聞』と『朝日新聞』を除いた五紙（大和、毎日、産経、京都、夕刊神戸）が、『「東京裁判」は効果なし』「東京裁判は誤《（ママ）》だった」「東京裁判強行は誤り」「東京裁判は誤った」「東京裁判の誤り信ず」の見出しで、それぞれ掲載していることが分かる。

以上から『伊勢新聞』と『朝日新聞』を除いた五紙は、同じ第二ブロックの東北地方五紙と同様に、「東京裁判は誤り」に対して比較的積極的だったことが分かる。

表5　近畿地方７紙

名　称 （各都道府県）	上院軍事外交合同委員会主催の聴聞会の証言	ウエーク島会談秘密文書公表	極東軍事裁判は誤りであった	題　名
伊勢新聞 （三重県）	○	○	×	－
大和タイムス （奈良県）	○	○	○	「東京裁判」は効果なし
朝日新聞 （大阪府）	○	○	×	中ソ不介入
毎日新聞（夕刊） （大阪府）	○	○	○	東京裁判は誤だった
産業経済新聞 （大阪府）	○	○	○	東京裁判強行は誤り
京都新聞 （京都府）	○	○	○	東京裁判は誤った
夕刊神戸 （兵庫県）	○	○	○	東京裁判の誤り信ず

〔注〕○は、その内容が掲載されたことを表す。×は、その内容が掲載されていないことを表す。題名は、ウエーク島会談でのマッカーサー発言の題名を表す。
〔出所〕昭和26年5月4日付の『伊勢新聞』（朝刊）、『大和タイムス』（朝刊）、『朝日新聞』（朝刊）、『毎日新聞』（夕刊）、『産業経済新聞』（朝刊）、『京都新聞』（朝刊）、『夕刊神戸』より著者作成。

表6　中国地方４紙

名　称 （各都道府県）	上院軍事外交合同委員会主催の聴聞会の証言	ウエーク島会談秘密文書公表	極東軍事裁判は誤りであった	題　名
山陽新聞 （岡山県）	○	○	○	東京裁判は誤り
中國新聞 （山口県）	○	○	×	−
島根新聞 （島根県）	○	○	○	東京裁判の誤り信ず
日本海新聞 （鳥取県）	×	○	○	東京裁判の誤り指摘

〔注〕○は、その内容が掲載されたことを表す。×は、その内容が掲載されていないことを表す。題名は、ウエーク島会談でのマッカーサー発言の題名を表す。

〔出所〕昭和26年5月4日付の『山陽新聞』（朝刊）、『中國新聞』（朝刊）、『島根新聞』（朝刊）、『日本海新聞』（朝刊）より著者作成。

「東京裁判は誤り」の報道に比較的積極的だった中国地方四紙

では、第三ブロック（中国地方、四国地方、北陸地方、九州・沖縄地方）の中国地方四紙（山陽、中國、島根、日本海）は、どうだろうか。

表六を見ると、『日本海新聞』を除く三紙（山陽、中國、島根）が「聴聞会の証言」の記事を掲載しているが、「ウエーク島会談秘密文書公表」の記事は、全紙が掲載していることが分かる。

一方、「極東軍事裁判は誤りであった」については、『中國新聞』を除いた三紙（山陽、島根、日本海）が

表7　四国地方3紙

名　称 (各都道府県)	上院軍事外交合同委員会主催の聴聞会の証言	ウエーク島会談秘密文書公表	極東軍事裁判は誤りであった	題　名
四國新聞 (香川県)	○	○	×	－
愛媛新聞 (愛媛県)	○	○	○	東京裁判の誤り信ず
高知新聞 (高知県)	○	○	○	極東軍事裁判は誤り

〔注〕○は、その内容が掲載されたことを表す。×は、その内容が掲載されていないことを表す。題名は、ウエーク島会談でのマッカーサー発言の題名を表す。
〔出所〕昭和26年5月4日付の『四國新聞』(朝刊)、『愛媛新聞』(朝刊)、『高知新聞』(朝刊)より著者作成。

「東京裁判の誤り信ず」「東京裁判は誤り」「東京裁判の誤り指摘」の見出しで、それぞれ掲載していることが分かる。

以上から『中國新聞』を除いた三紙は、「東京裁判は誤り」に対して比較的積極的だったことが分かる。

「東京裁判は誤り」の報道に比較的積極的だった四国地方三紙

次に、同じく第三ブロックの四国地方三紙（四國、愛媛、高知）の報道を見てみよう。表七を見ると、「聴聞会の証言」と「ウエーク島会談秘密文書公表」の記事は、全紙が掲載していることが分かる。

一方、「極東軍事裁判は誤りであった」の記事を見ると、『四國新聞』を除いた二紙（愛媛、高知）が「東京裁判の誤り信ず」と「極東軍事裁判は誤り」の見出しで掲載していることが分かる。

以上から『四國新聞』を除いた二紙は、「東京裁判は誤り」の報道に対して比較的積極的だったことが分かる。

「東京裁判は誤り」の報道に非常に積極的だった北陸地方五紙

次に、同じく第三ブロックの北陸地方五紙（新潟、富山、北国《ほっこく》、福井、北日本）の報道を見てみよう。

表八を見ると、全紙が「聴聞会の証言」と「ウエーク島会談秘密文書」の記事はもとより「東京裁判は誤り」についても、「東京裁判は無意味」「東裁の誤りを信ず」「東京裁判は誤り」「極東裁判の誤り信ず」「マ元帥　戦犯裁判に反対」の見出しで、それぞれ掲載していることが分かる。

以上から北陸地方五紙は、「東京裁判は誤り」の報道に対して非常に積極的だったことが分かる。

表8　北陸地方５紙

名　称（各都道府県）	上院軍事外交合同委員会主催の聴聞会の証言	ウエーク島会談秘密文書公表	極東軍事裁判は誤りであった	題　名
新潟日報（新潟県）	○	○	○	東京裁判は無意味
富山新聞（富山県）	○	○	○	東裁の誤りを信ず
北国新聞（石川県）	○	○	○	「東京裁判は誤り」
福井新聞（福井県）	○	○	○	極東裁判の誤り信ず
北日本新聞（富山県）	○	○	○	マ元帥　戦犯裁判に反対

〔注〕○は、その内容が掲載されたことを表す。×は、その内容が掲載されていないことを表す。題名は、ウエーク島会談でのマッカーサー発言の題名を表す。
〔出所〕昭和26年5月4日付の『新潟日報』（朝刊）、『富山新聞』（朝刊）、『北国新聞』（朝刊）、『福井新聞』（朝刊）、『北日本新聞』（朝刊）より著者作成。

「東京裁判は誤り」の報道に非常に積極的だった九州・沖縄地方九紙

最後に、同じく第三ブロックの九州・沖縄地方九紙（西日本、佐賀、長崎日日、熊本日日、大分合同、日向日日、南日本、うるま、沖縄）の報道を見てみよう。

表九を見ると、全紙が「聴聞会の証言」と「ウエーク島会談秘密文書公表」の記事はもとより、「東京裁判は誤り」についても、「太平洋同盟は不可能」「東京裁判は誤り」「東京裁判・対日占領費など注目ひくマ元帥の見解」「極東軍事裁判は誤り」「東京裁判警告的効果なし」「『東京裁判』は誤り」「軍事裁判は失敗」「東京裁判は誤りだった」の見出しで、それぞれ掲載していることが分かる。

以上から九州・沖縄地方九紙も、「東京裁判は誤り」の報道に対して非常に積極的だったことが分かる。

表9　九州・沖縄地方9紙

名　称 (各都道府県)	聴聞会の証言 委員会主催の 上院軍事外交合同	秘密文書公表 ウエーク島会談	誤りであった 極東軍事裁判は	題　名
西日本新聞 (福岡県)	○	○	○	太平洋同盟は不可能
佐賀新聞 (佐賀県)	○	○	○	東京裁判は誤り
長崎日日新聞 (長崎県)	○	○	○	東京裁判・対日占領費など 注目ひくマ元帥の見解
熊本日日新聞 (熊本県)	○	○	○	極東軍事裁判は誤り
大分合同新聞 (大分県)	○	○	○	極東軍事裁判は誤り
日向日日新聞 (宮崎県)	○	○	○	東京裁判警告的効果なし
南日本新聞 (鹿児島県)	○	○	○	『東京裁判』は誤り
うるま新報 (沖縄県)	○	○	○	軍事裁判は失敗
沖縄タイムス (沖縄県)	○	○	○	東京裁判は誤りだった

〔注〕○は、その内容が掲載されたことを表す。×は、その内容が掲載されていないことを表す。題名は、ウエーク島会談でのマッカーサー発言の題名を表す。

〔出所〕昭和26年5月4日付の『西日本新聞』(朝刊)、『佐賀新聞』(朝刊)、『長崎日日新聞』(朝刊)、『熊本日日新聞』(朝刊)、『大分合同新聞』(朝刊)、『日向日日新聞』(朝刊)、『南日本新聞』(朝刊)、『沖縄タイムス』(朝刊)、『うるま新報』(朝刊) より著者作成。

総括

以上を総括すると、次のようになるだろう。

新聞通信の事後検閲が廃止されてからも、第一ブロックの①東京（全国）大手六紙と②関東地方六紙の中に、「東京裁判は誤り」について、「自主規制」を行った新聞（東京、上毛、埼玉、神奈川）と間接的な表現で報道した新聞（朝日、夕刊毎日、夕刊読売、産経、日経、ニッポン・タイムズ、いはらき、下野）とに大きく分かれたのは、両者の報道姿勢に違いがあったからである。

次に、第二ブロックの中部・東海地方六紙の中に、「東京裁判は誤り」について、「自主規制」を実施した新聞（岐阜タイムス、中部日本、中部経済）と間接的な表現で報道した新聞（山梨日日、信濃毎日、静岡、東海夕刊）とに大きく分かれたのは、第一ブロックと同じ理由からである。

だが、同じ第二ブロックの中でも、北海道・東北地方六紙と近畿地方七紙だけは、中部・東海地方六紙と比べて、「東京裁判は誤り」に対して、比較的積極的だったことが分かる。

第三に、第三ブロックの中国地方四紙、四国地方三紙、北陸地方五紙、九州地方七紙、沖縄地方二紙を比べると、『中國新聞』と『四國新聞』の二紙を除いて、どの新聞も「東京裁判は誤り」に対して、非常に積極的だったことが分かる。

以上から、規制の緩い第三ブロックは、規制の強い第一ブロックと比較的規制の強い第二ブロックと比べて「東京裁判は誤り」の掲載について、非常に積極的だったことが分かる。

平成十五年十一月号から三年間にわたって、月刊『正論』で連載された「マッカーサー米議会証言録」の翻訳と解説を担当した牛田久美は、「東京裁判とニュールンベルグ裁判は全く抑止力はなかった」(『正論』平成十八年十二月号)の中で、『日本に関しては、産経新聞1面四段見出し「東京裁判は誤りマ元帥披瀝」、朝日新聞1面ベタ「警告的効果はなかった　マ元帥感想」の報道にとどまった』と述べているが、この見解が誤りであることは、これまでの議論を見れば明らかであろう。

では、日本の新聞紙上で「東京裁判は誤り」は、どのように掲載されたのだろうか。

次に、本書の巻末付録の「東京(全国)大手紙・地方紙に見るウエーク島会談秘密文書の報道記事」をもとに、この問題について見ていこう。

「東京裁判は誤り」の掲載方法とその内容

「東京裁判は誤り」はどのように掲載されたのか

著者が「東京裁判は誤り」の掲載・無掲載の新聞を第一、第二、第三ブロックに分けて調べた結果、「東京裁判は誤り」を掲載した新聞には、「マッカーサー元帥が、次の諸点を信じているということである」と述べた後に、①極東軍事裁判は誤りであった、②米国は対日占領費の一部を支払うべきであった、③太平洋反共同盟は大変な仕事で実行は不可能である、と書いているものが多いことが分かった。

つまり、「極東軍事裁判は誤りであった」を掲載した三十八社のうち、三十五社（九二・一％）が、「東京裁判は誤り」（夕刊読売、山梨日日、東海夕刊、山陽、北国、佐賀）、「戦犯裁判に警告の効なし」（東京朝日）、「東京裁判の効果なし」（日経）、「マ元帥東京裁判の誤りを信ず」（いはらき）、「東京裁判の誤り信ず」（下野、山形、島根、愛媛、夕刊神戸）、『「極東裁判」は誤り』（静岡）、「東京裁判は失敗」（北海道）、『「警告的効果なし」マ元帥確信　極東軍事裁判は誤り』（新岩手）、「軍事裁判は誤り」（福島）、「東京裁判の誤り」（秋田魁）、『「東京裁判」は効果なし』（大和）、「東京裁判は誤だった」（大阪毎日）、「東京裁判強行は誤り」（大阪産経）、「東京裁判は誤った」（京都）、「東京裁判の誤り指摘」（日本海）、「極東軍事裁判は誤り」（高知）、「東京裁判は無意味」（新潟）、「東裁の誤りを信ず」（富山）、「極東裁判の誤り信ず」（福井）、「マ元帥　戦犯裁判に反対」（北日本）、「極東軍事裁判は誤り」（熊本日日、大分合同）、「東京裁判警告的効果なし」（日向日日）、「『東京裁判』は誤り」（南日本）、「東京裁判は誤りだった」（沖縄）、「軍事裁判は失敗」（うるま）という見出しで掲載したため、それがいつの間にか「東京裁判は誤り」という言葉に統一されて、全国的に流布したものと考えられる。

一方、『夕刊毎日』『河北新報』『信濃毎日新聞』『西日本新聞』を見ると、「極東軍事裁判は誤りであった」を掲載しているが、「東京裁判は誤り」の見出しの代わりに、それぞれ「即時講和会議招集」「ウェーク会談秘密文書　米上院合同委で公表」「占領費負担も勧告」「太平洋同盟は不可能」という見出しで掲載していることが分かる。

また巻末付録の「東京（全国）大手紙・地方紙に見るウエーク島会談秘密文書」の報道記事を見ると、「極東軍事裁判は誤りであった」の代わりに、『東京裁判とニュルンベルグ裁判には「警告的な」効果はないだろう』を掲載した新聞社は、全部で四社（朝日、日経、ニッポン・タイムズ、東京）だけであることが分かる。

①東京（全国）大手六紙の『産経新聞』を見ると、「極東軍事裁判は誤りであった」の代わりに、「東京裁判は誤り」という見出しで掲載していることが分かる。

他方、「極東軍事裁判は誤りであった」と『東京裁判とニュールンベルグ裁判には「警告的な」効果はないだろう』を同時に掲載した新聞社は、全部で二十九社（夕刊読売、静岡、東海夕刊、北海道、新岩手、河北、山形、秋田魁、大和、大阪毎日、大阪産経、夕刊神戸、山陽、島根、日本海、愛媛、高知、新潟、富山、北国、福井、北日本、佐賀、長崎日日、熊本日日、大分合同、日向日日、南日本、うるま）であることが分かる。

「東京裁判は誤り」はどのような内容なのか

マッカーサーの「東京裁判は誤り」を報じた記事を見ると、どれも共同通信から配信されたものであることが分かる。なぜなら各新聞の報道内容がどれも画一的な表現だからである。

また第一、第二および第三ブロックの各新聞記事を比べると、事後検閲が廃止された後も、それぞれの規制レベルから、内面指導に反する部分を削除しながら文章の前後のつじつまを巧みに縫い合わせて書いていることが分かるが、その中で共同通信社の配信したオリジナルに比較的近い文章は、第二、第三ブロックの新聞であると思われる。

これらを比べると、共同通信の配信した文章の記事が大体どのようなものだったかが分かる。

例えば、ウエーク島会談のオリジナルの文章を全訳した牛田久美の「東京裁判とニュールンベルグ裁判は全く抑止力はなかった」（『正論』産経新聞社、平成十八年十二月号）に書かれている内容（①朝鮮の復興状況、②収容所内の状態、②中ソ介入の可能性、③戦犯への対応、④日本占領費用、⑤太平洋同盟の可能性）と第二、第三ブロックの新聞に書かれている内容（①極東国際軍事裁判は誤りだった、②米国は対日占領費の一部を支払うべきであった、③太平洋反共同盟は大変な仕事で実行は不可能である）を比べると、共同通信の配信した文章は、特に日本と直接に関係した記事を選んで配信していることが分かる。

以上、「東京裁判は誤り」についての内容が、どのように新聞紙上に掲載され、なぜ日本全国に流布していったのかを分析したが、ここで、われわれは、全国的に流布された「東京裁判は誤り」という言葉は、マッカーサーが直接に言った言葉ではなく、あくまで新聞記事の見出しであったことに留意しなければならないだろう。

だが、これまでの分析を通じて、ここで次のような疑問が生じてくるのである。

まずGHQは、なぜ規制の厳しい第一ブロックに対しても、占領当初から間接的な表現で東京裁判を批判できるようにしたり、直接的に批判しながらも検事側の主張も同時に掲載すれば、東京裁判を批判できるようにしたりしたのだろうか。たとえ、間接的な表現であれ、日本人に東京裁判を批判させる理由は、どこにもなかったはずだからである。

次に、事後検閲が廃止された後も、全国の新聞社は、内面指導の関係から間接的な表現を使って「東京裁判は誤り」を報道したにもかかわらず、「日本自衛戦争」については、なぜ一社も間接的な表現ですら報道しなかったのだろうか。

もし、仮にGHQが社会的な影響が大き過ぎると考えて「日本自衛戦争」の公表を差し控えさせたとするならば、たとえ間接的な表現であれ、「東京裁判は誤り」をわざわざ公表させなければならない理由は、どこにもなかったはずである。なぜならマッカーサーが東京裁判を批判したことが分かれば、これまで東京裁判批判を検閲してきた意味が全くなくなってしまうことになるからである。

間接的に東京裁判批判をやらせたのはマッカーサーだったのか

マッカーサーはなぜ東京裁判を間接的に批判したのか、あるいは直接的に批判しながら検事側の主張も同時に掲載した記事、社説、論文、書籍の出版を許可したのか

実は、占領当初から東京裁判を間接的に批判したあるいは直接的に批判しながら検事側の主張も同時に掲載した記事、社説、論文などが多いことや、先述した『極東裁判と國際法』（有斐閣）や『東京裁判　第八緝』（ニュース社）が出版できたのは、マッカーサーの東京裁判に対する不満が影響していることが考えられるのである。

このことは、これらのものがなぜ存在するのかを考えれば明らかになってくるはずである。即ち、先述したモニカ・ブラウが、マッカーサーには「適当と判断する方針にしたがって検閲を修正できる。……検閲にかんする日常の決定がマッカーサーの権限で」あったと述べているように、東京裁判に不満を持ったマッカーサーが後でアメリカ政府からクレームが出ないように、自分の権限を使って東京裁判を間接的に批判したあるいは直接的に批判しながら検事側の主張も同時に掲載したものを出版するように指示した可能性が考えられるのである。

ＧＨＱはなぜ「東京裁判は誤り」の掲載を許可したのか

マッカーサーはなぜ「東京裁判は誤り」をリークしたのか

マッカーサーがトルーマンによって朝鮮戦争についての軍事的な意見の対立から一切の職務を解任されたことは既述したが、ＧＨＱがマッカーサーの「東京裁判は誤り」を完全に取り締まらなかった理由も、実はここにあるのだ。

マッカーサーは、自分が反対する東京裁判を実施させた上に、一方的に自分を解任したトルーマンに対する腹いせから、ＧＨＱに「東京裁判は誤り」をわざとリークさせた可能性が考えられるのである。

このことは、ウイロビーが回顧録で、トルーマンに戦術を妨害されたマッカーサーがいかに不満をいだいていたのかを、彼の回想記を引用しながら述べていることや、次のようにマッカーサーの解任について不満を述べていることからも理解できるはずである。

「トルーマン大統領は……マッカーサー元帥のすべての指揮権を、突然、警告もなしに、もっとも野卑かつ粗暴な方法を用いて剥奪した。命令は絶対的な調子で、マッカーサーは自分の部隊に別れを告げることすら許されずじまいだった」

朝鮮戦争で、極東における日本の地政学的意味を痛感したマッカーサーは、帰国後の昭和二十六年五月三日に開催された上院軍事外交合同委員会主催の聴聞会で、ヒッケンルーパー上院議員からの質問（「赤化中国を海と空から封鎖するという元帥の提案は、米国人が太平洋において日本に対する勝利を収めた際のそれと同じ戦略ではないのか」）に対して、日本の立場を弁明した、あの有名な「日本自衛戦争」論を展開するのであるが、当時の日本の全国紙と地方紙で報道されたマッカーサーの証言内容を見ると、どの新聞もマッカーサーの「日本自衛戦争」論については、間接的な表現でさえも、報じていないことが分かる。

ただ、唯一例外なのは、ニューヨーク駐在の中村特派員が昭和二十六年五月十六日付『朝日新聞』（朝刊）で、「マ元帥の日本観」と題して『ニューヨーク・タイムズ』がスクープしたマッカーサーの対日戦略に関する発言（「対日作戦では鉄の輪を逐次しめていったが、これは日本は資源が貧弱であるからその補給を断ち、そして日本を降伏させる」）を紹介しているだけで、その後に続く「日本自衛戦争」の発言については、見事に削除している。

ここで、われわれは、全国の新聞社が間接的な表現で「東京裁判は誤り」を公表したにもかかわらず、なぜ間接的な表現でさえ、「日本自衛戦争」については、一切公表しなかったかについて注意深く検討してみる必要があるだろう。

まず考えられることは、先に述べたように「日本自衛戦争」は、たとえ間接的な表現であっても、「東京裁判は誤り」と比べ、社会的影響が大きいと判断して一切公表しなかったことである。

では、社会的影響を考えて、「日本自衛戦争」を報道しなかったにもかかわらず、「東京裁判は誤り」は、なぜ間接的な表現で報道したのだろうか。

たとえ間接的な表現であれ、「東京裁判は誤り」をわざわざ公表しなければならない理由は、どこにもなかったはずである。たとえ間接的な表現であっても、このことを日本人に公表すれば、東京裁判に対する反発心が多少でも沸騰してくることは予想できたはずだからである。

これは、要するにGHQが事前にマッカーサーの「日本自衛戦争」論だけを意図的に削除して、「東京裁判は誤り」だけを共同通信に配信させたことを意味するのではないだろうか。

言い換えれば、マッカーサーから指令を受けたGHQが事前にマッカーサーの「日本自衛戦争」論の記事を削除して「東京裁判は誤り」についての記事だけをリークしたということである。

マッカーサーが、ウエーク島会談での爆弾発言をリークさせたのは、それだけトルーマンに対する不満が大きかったからであろう。

マッカーサーはなぜA級戦犯の訴願が米連邦大審院から却下された記事を掲載させたのか

こうしたことは、先述した絞首刑の判決を受けた広田、土肥原両被告と禁固刑の判決を受けた、その他のA級戦犯五名に対する再審の訴願を却下した米連邦大審院の真相について暴露した昭和二十三年十二月十七日付と二十二日付『朝日新聞』（朝刊）の報道についても言えることである。

この再審訴願を妨害するためアメリカ政府が十二月十六日正午に開廷する米連邦大審院に対して再審拒否の要請を行い、米国務省と極東委員会も、司法省に対して東京裁判の合法性について、公式発表を行って米連邦大審院の再審を阻止したことは既述したが、こうした行政の司法に対する圧力は、三権分立を骨子とするアメリカの民主主義や法治主義の原則を踏みにじることを意味しており、結局、東京裁判は司法的な法廷ではなく、政治的権力の道具に過ぎないことを示していることになる。

ここからマッカーサーが、その不正を公表するために再審阻止の真相を暴露した記事を掲載するように指示した可能性が考えられてくるのである。

占領当初から東京裁判を間接的に批判したあるいは直接的に批判しながら、検事側の主張も同時に掲載した様々な記事、論文、書籍が存在するのは、心ならずも東京裁判の設置とA級戦犯の刑の執行を命じなければならなかったマッカーサーの東京裁判への反発からのものと思われるが、残念ながら、これらの仮説を実証する史料は、今のところまだ見つかってはいない。

しかし、マッカーサーがこうした行動に出るための動機と、それを実行するための影響力を持っていたことから考えて、こうした行動に出た可能性を否定することはできないのではないだろうか。

おわりに

著者が東京裁判とマッカーサーの関係に対して強い関心を抱いたのは、小堀説に対する疑問から出発して、昭和二十六年五月四日付『北海道新聞』（夕刊）に掲載された「東京裁判は失敗」の記事を偶然に発見したことにある。

後に、他の地方紙と全国紙の中から、この記事と同じものを発見したとき、最初は占領末期だった関係で検閲が甘くなっていたのではないかと思っていたが、この謎を解き明かすうちに、当初の予想とはかなり違った結論に達することになったのである。

そのうちの一つが、占領当初から東京裁判の批判については、間接的な表現を行ったり、たとえ直接的な批判であっても検事側の主張も同時に行ったりすれば、ＧＨＱの検閲をパスできたということであるが、その理由は、マッカーサーはもとより、ＧＨＱの中にも多くの東京裁判の反対論者がいたからだと思われる。
なぜなら、マッカーサーが東京裁判に反対した理由を回顧録に綴ったGHQ参謀第二部のウイロビー少将やGHQ民生局長のコートニー・ホイットニー准将が、そうだったように、GHQ外交局長のウィリアム・J・シーボルトやGHQ対敵情報部長のエリオット・ソープ准将も、次のように反対論者の一人だったことを明らかにしているからである。

ウィリアム・J・シーボルト（GHQ外交局長）

「被告たちが、それぞれ着席すると、起訴状が朗読された。……私は、起訴状の中に述べられた、忌まわしい事件の多くを、よく知っていたけれども、本能的に私は、全体として裁判をやったこと自体が誤りであったと感じた。被告たちの行動が、善悪という哲学的観念から見て、いかに嫌悪を感じさせ、また批難すべきものであったとしても、当時としては国際法に照らして犯罪ではなかったような行為のために、勝者が敗者を裁判するというような理論には、私は賛成できなかったのだ」

エリオット・ソープ准将（GHQ対敵情報部長）

「敵として見た場合、トウジョウをはじめ、ただ怒り、正義その他の理由だけで、即座に射殺したい一群の連中がいたことは、たしかである。しかし、そうせずに、日本人に損害をうけて怒りにもえる偏見に満ちた連合国民の法廷で裁くのは、むしろ偽善的である。とにかく、戦争を国策の手段とした罪などは、戦後につくりだされたものであり、リンチ裁判用の事後法としか思えなかった」

本書を書き終わってから、まだ書き足りないことがずいぶんあるように思ったが、一つだけ確実に言えることは、「定説には必ず間違いがある」ということである。

「はじめに」でも述べたように、確かに、戦後の日本とアメリカには東京裁判やマッカーサーについて書かれた書物や映画はおびただしいが、それらに対して偏見を持つことなく、その真実を正しく伝えているものはあまりにも少ないし、中には作り話が定説となっているものさえある。

例えば、本書で考察したGHQの検閲を見てもあまりにも誤解が多いことが分かるだろう。では、GHQの検閲とはいったい、何だったのだろうか。このことは、絶えず著者の脳裏から離れることがなかった大きな疑問の一つであるが、マッカーサーとウイロビーは、このことについて、残念ながら一言も触れてはいないのである。

GHQは昭和二十年十月一日に、ポツダム宣言の第十項（「言論、宗教及思想ノ自由並ニ基本的人権ノ尊重ハ確立セラルベシ」）に基づいて、戦時中、「編集方針および日本の新聞によって書かれる内容をことごとく統制し、勢威を誇っていた」内閣情報局の報道機関に対する干渉を停止させた後、四日に日本政府に対して政治、公民、宗教上の諸権利の制限撤廃に関する「公民の自由の命令」を与え、二年後の五月三日に、日本国憲法を施行して「検閲は、これをしてはならない。通信の秘密は、これを侵してはならない」（第二十一条）という権利を日本国民に与えた。

にもかかわらず、GHQは、昭和十九年五月十九日の陸軍省からのマッカーサー宛の命令書に添えられた付属文書（「民間検閲は、戦争努力を追求するうえで価値ある情報を入手し、また、その地域の軍政ないし他の形の政府、および連合国政府の政策の遂行に役立てるよう、世論と民心の状態をおしはかるためには、絶対に必要である」）に従って、検閲を開始したが、実際の検閲を見ると、東京裁判に限らず、検閲官の判断によって甘いものもあったことが分かる。

例えば、日本の雑誌検閲を収集したプランゲ文庫の中から、昭和二十一年二月から出版された日本共産党の理論誌『前衛』の検閲ゲラを発見した松浦総三は、その著書で当時GHQ内にいたニューディーラーたち（ルーズベルト大統領のニューディール政策支持者で「赤」と言えないまでも「ピンク」がかった連中）によって、次のように『前衛』の検閲が甘かったことを明らかにしているからである。

「その年はほとんどノーカットで『世界』や『改造』や『中公』よりも削除がすくない。検閲課の中に、アメリカ共産党員がいたのではないか、と思われるほど検閲が甘かった。だが二十二年から二十三年になると、一冊分全部削除されているところもでてくる。この校正刷をみると一年前とちがって占領軍がいかに日共を目の仇にしたかよく分かる。六十四ページの校正刷が平均四十ページくらい削除されている号がおおい」

このように、検閲官が自分の判断でいくらでも検閲を甘くできたということは、オランダ代表のレーリング判事が、その著書で「アメリカ人は東京裁判全体を不愉快に感じていたと思います」と述懐しているように、東京裁判に反対だった検閲官が、自分の判断で勝手に東京裁判の検閲を甘くしたとも、考えられるのである。

いずれにせよ、当時のGHQは、占領中に、従来の定説(「占領下の日本は、GHQによって大がかりな検閲・言論統制の下に置かれ、東京裁判に関する批判的内容の報道・出版は厳しく禁じられた」)とは違って、必ずしもプレス・コードや江藤説にあるように検閲を厳密に行っていなかったことは間違いないはずである。

著者は、本書の中で従来とは異なった視座から東京裁判とマッカーサーの関係やマッカーサーの人間性についても、彼の負のイメージに捉われることなく、可能なかぎり、ありのままのマッカーサーの実像に迫るように努力したつもりである。

もちろん、本書だけでマッカーサーの負のイメージを完全に払拭したとは思っていないが、少なくともマッカーサーは、日本の民族派の論者たちが言うように、朝鮮戦争を契機に、日本側の主張を認めるような発言を行ったわけではないし、前出のシーボルトがマッカーサーについて、「長い戦争の経歴にもかかわらず、元帥は非常に情にもろく、神経の細やかな人だった」と評しているように、生殺与奪の権を握った非情な人間でもないことだけは確かである。

このことは、先に述べたA級戦犯七名の死刑執行の場面を新聞写真に掲載させなかったマッカーサーの態度を見ても分かるように、マッカーサーが敗者をいたわる「騎士道の精神」を持った温情の厚い人物であったことは確かであろう。

米国側主席検事のキーナンは昭和二十一年六月四日に開廷された東京裁判の冒頭陳述の中で、「この法廷に於いて我々に賦与された権限を以って正当な且つ効果的な方法で将来の戦争を防止する為に我々は如何なる事を為し得るでありましょうか。我々の目的とする所は予防或いは阻止であります」と述べ、東京裁判の目的は、将来の戦争を防止するためであると主張したが、パール判事は、判決文の中で次のように東京裁判の誤りを見事に喝破している。

「戦勝国のみが裁判官となり、敗戦国のみが被告となるというような裁判、条約に違反する戦争を起こした国も勝利者となれば、戦敗国に向かって刑罰を加える権利をもつというような裁判が、将来の戦争発生を防ぐ喜ばしい効果を生ずることを認めない。この裁判が後世に残す教訓は、条約に違反する戦争をなした者は罰せられる、ということではなく、ただ戦争に負けるとひどい目に合うということだけである。このような教訓が、自国の武力を恃《たの》み、誤れるにもせよ称賛を抱く政治家・軍人を抑止する効果はないであろう。そして侵略戦争は、武力を恃《たの》む国によって起こされるのである」

マッカーサーが東京裁判を批判したのも、経済制裁をやって日本を戦争に追い込んだ戦勝国のアメリカが日本にだけ戦争責任を押し付けて裁けば、日本人に怨恨感情が生まれるだけで、将来の戦争の防止にはなりえないことを悟っていたからだと思われる。

著者は、東京裁判を批判したマッカーサーの真意を再検討することで、歴史のタブーであるマッカーサーの負のイメージにあえて挑戦し、新たな「マッカーサー像」を作り上げたと思っているが、いずれにせよ、著者の発見した歴史的資料からも分かるように、東京裁判には、いまだに解明されていない問題がまだまだ残されているといっても過言ではないと思われる。

今年の二月十三日に、東條英機元首相の令孫、東條由布子氏が急逝されたことは読者の方々も知っておられるであろう。昨年の七月に、ハート出版から刊行された拙著『世界が語る大東亜戦争と東京裁判――アジア・西欧諸国の指導者・識者たちの名言集』の帯と巻頭に東條氏から推薦のお言葉を賜り、幸いにも現在六刷目を数えている次第である。

また今年の七月には、昭和天皇の戦争責任の問題を題材にした『終戦のエンペラー』(監督ピーター・ウェーバー)というアメリカの映画が日本でも上映されることになっているが、本書でも昭和天皇の戦争責任に対する訴追を回避しようとしたマッカーサーの真相について考察しているように、まさに本書は時機を得た作品であると思う。これも東條氏の計らいによるものではないかと思い、感謝の念で一杯である。

東條氏との最初の出会いは、今から八年前の平成十七年八月四日に新宿で開催されたシンポジウムであったが、そのときに差し上げた産経新聞の記事(『東京裁判は誤り』昭和二十六年五月四日付)を見て東條氏は、本当に驚いた様子であった。

そのとき、著者が持参した東條氏の著書『一切語るなかれ』(読売新聞社、平成四年)に、自筆でサインをしていただいた上に、東條元首相の実印まで押していただいたことは幸いであった。

著者は、水晶でできた東條閣下の実印に触れたとき、「もしかしたら、この実印には東條閣下の指紋がついているかも知れませんね」と言って、二人で一緒に笑ったのを覚えている。

その後、東條氏の勧めもあって、五年前に大東亜戦争と東京裁判についての論稿をまとめて出版社に依頼してみたが、どこも取りあってはくれなかった。そうした中で、いつかこれが世に出ることを願って、著者をいつも励ましてくれたのが東條氏であった。

昨年の春に、前著が刊行されることが決まると、まるで自分のことのように喜んで下さったことは感謝の念にたえないし、また本書の刊行も、きっと前著のように喜んで下さったであろうことを思うと、実に残念でならない。

東條氏とは、昨年の八月十五日に靖國神社でお別れしたのが最後であったが、その後もメールや電話で連絡を取りあい、彼女の病状を聞くために、年末に交信したメールが最後となった。短い期間ではあったが、著者にとって東條氏との出会いは、人生で大きな意味を持つものであったと思う。

ところで、著者には一つの夢がある。それは、インドの第二代大統領ラダクリシュナンが、「インドが今日独立できたのは、日本のお陰である。それはひとりインドのみではない。ベトナムであれ、ビルマであれ、インドネシアであれ、西欧の植民地であったアジア諸国は、日本人が払った大きな犠牲の上に独立できたのである。

われわれアジアの民は一九四一年十二月八日をアジア解放の記念日として記憶すべきであり、日本に対する感謝の心を忘れてはならない」

と述べているように、いつかすべてのアジアの民が一九四一年十二月八日をアジア解放の記念日として祝える日がやってくることである。

「大東亜戦争百年」まで残すところ二十八年あまりとなったが、その年までには、なんとか、その夢を実現したいと思っている。今後も東條氏の遺志を受け継いで、その夢の実現に向けて頑張る所存である。

今年は、奇しくも東京裁判でA級戦犯に判決が下されてから、六十五年目の年にあたっており、これも何かの因縁ではないかと思っている。ここに、本書を今は亡き東條由布子氏とA級戦犯七名の御霊前に捧げ、謹んで哀悼の意を表したいと思う次第である。

先に述べたように、本書は平成十五年一月下旬に、「東京裁判は失敗」の記事を発見してから、ちょうど十年の歳月を経て、ようやく完成したものであるが、こうした年に刊行できることになったのも、前著と同様に本書の価値を認めて下さったハート出版代表取締役社長の日高裕明氏のおかげであると思っている。

日高社長に出会わなければ、本書も当分は、陽の目を見ることができなかったであろう。ここに記してお礼にかえたい。

以下の巻末付録は、著者が各図書館で発見した全国紙と地方紙に掲載されたウエーク島会談秘密文書の報道記事のうち、東京裁判の部分を中心に掲載したものであるが、完全な「自主規制」を行なった第一ブロックの三紙（上毛、埼玉、神奈川）、第二ブロックの六紙（岐阜タイムス、中部日本、中部経済、東奥、伊勢、大阪朝日）および第三ブロックの二紙（中國および四國）だけは、「東京裁判は誤り」についての記事を一切掲載していないことをお断りしておきたい。

占領当時、各紙が間接的な表現を使って、どのように文章の前後のつじつまを巧みに縫い合わせて書いているのかに気がついていた者は、新聞の読者はもちろん、社内においても、関係者以外にいなかったことは言うまでもないのである。

平成二十五年五月三日（東京裁判開廷の日に）

著者記す

付録

東京（全国）大手紙・地方紙に見る
ウエーク島会談秘密文書の報道記事

第一ブロック（東京・関東地方）

①東京（全国）大手六紙

▼『朝日新聞』（朝刊）昭和二十六年五月四日付

戦犯裁判には警告の効なし

マ元帥確信

【ワシントン二日発UP＝共同】

（ヘンスレー記者）米上院軍事外交合同委員会が二日公表したウェーキ会談の秘密文書の中で注目をひく点は、マ元帥が次の諸点を信じているということである。

一、マ元帥はハリマン大統領特別顧問から北鮮の戦犯をどうするかとの質問を受けたのに対し「戦犯には手をつけるな、手をつけてもうまくいかない」と答え、これを現地司令官に一任するよう述べた。また、マ元帥は東京裁判とニュールンベルグ裁判には警告的な効果はないだろうと述べた。

▼『夕刊毎日』昭和二十六年五月四日付

即時講和会議招集

マ元帥、日本問題で要請

【ワシントン二日発(ヘンスレー特派員)＝UP特約】ウェーキー会談の内容は二日公表されたが、それによるとマッカーサー元帥は戦争犯罪者に対する極東軍事裁判は誤りであると考えており太平洋における反共同盟の構想は立派だが実際問題としては難しいと考えていると公表された。会談内容で日本に関する部分は次の通り。

一、ハリマン大統領特別補佐官が『朝鮮戦線での戦犯者をどうするか』と質したのに対し、マッカーサー元帥は『戦犯については一切現地の司令官に委されたい。東京及びニュールンベルグにおける戦犯裁判の前例には全然拘束されることなく、私は戦線で残虐の罪を犯すものがつかまれば、私自身の権限で直ちに軍事裁判に附して処罰してしまう』と答えた。

▼『夕刊読売』昭和二十六年五月三日付

東京裁判は誤り

マ元帥　強調

（ヘンスレー記者）【ワシントン二日発ＵＰ】（共同）米上院軍事、外交合同員会は二日、トルーマン大統領及びワシントン当局者とマッカーサー元帥との間に行われた歴史的なウェーキ島会議の秘密文書を公表したが、その中で注目をひく点は、マ元帥が次の諸点を信じているということである

一、極東軍事裁判は誤りであった

一、太平洋反共同盟は大変な仕事で実行は不可能である

マ元帥はハリマン大統領特別顧問の質問に答え東京裁判とニュールンベルグ裁判には、「警告的な」効果はないだろうとのべ『わたくしは独自の権限で、残ぎゃく行為を犯した者の処理はできるし、もし彼らを捕えればわたくしは軍法会議の手によって直ちにこれを裁判に付するつもりだ』と答えた

▼『産業経済新聞』（朝刊）昭和二十六年五月四日付

東京裁判は誤り　マ元帥披瀝

ウェーク会談の内容公表

【ワシントン特電二日＝ＡＦＰ】マッカーサー元帥の証言を前にして上院外交および軍事両委員会は二日、トルーマン大統領とマッカーサー元帥が昨年十月行つたウェーク会談に関し公式文書を発表した、これによればマ元帥は同会談で中共軍が朝鮮に介入する見込みはほとんどないと語つた

【ワシントン二日ＵＰ＝共同】

米上院軍事外交合同委員会が二日発表したウェーク会談に関する要旨は次の通り

トルーマン大統領がマ元帥に「朝鮮動乱に対し中共またはソ連の介入の可能性はどうか」と質したのに対し、マ元帥は次のように答えた

「その可能性は殆どない、動乱発生直後の一、二か月中に介入したらその効果は決定的であつただろう、しかしわれわれは最早彼等の介入を恐れない、中共は卅万の兵力を満州に持つているが、鴨緑江を渡河することの出来るのは五、六万であろう、中共は空軍をもつていないから中共が平壌に南下して来たら大殺リクが行われるであろう、ソ連についても事情は殆ど同じである、ソ連はシベリアに優秀な飛行士の乗つたジェット機およびＢ二五型、Ｂ二九型の爆撃機等一千機を持ち更に第五、第七艦

隊から艦載機約二、三百機を飛ばせることが出来よう、しかし恐らく米空軍の敵ではない、ソ連はまた北鮮で使用すべき地上軍をもつてないし、ソ連にとつて地上軍を朝鮮戰線に送ることは困難であろう、朝鮮戰乱に介入した場合のソ連空軍と中共地上軍との協力は非常に薄弱なものであろう、南北鮮を通じて本格的な共産軍の抵抗は十一月廿三日の感謝祭までに終わると信ずる、南鮮には約一万二千のゲリラ隊が残つているにすぎない、われわれがこれを撃破しなくても冬がこれを撃破するであろう」

▼『日本経済新聞』（朝刊）昭和二十六年五月四日付

ウェーキ島会談
米上院内容を公表
中ソ介入すまい
東京裁判の効果なし　マ元帥言明

（ワシントン二日発ＵＰヘンスレー記者＝共同）ウェーキ会談で日本および太平洋にとつて主要関心事となる問題は次のような順序で生れてきたものである

一、マ元帥はハリマン大統領特別顧問から北鮮の戰犯をどうするかとの質問を受けたのに対し、戰犯はこれを現地司令官に一任するよう述べ、また東京裁判とニュールンベルグ裁判には警告的な効果

はないだろうと述べた

▶ NIPPON TIMES, May 4, 1951

What Happened at Wake Island

Substance of Statements Made at Historic Conference Compiled
By Gen. Bradley Revealed
Plea Reiterated

1. Gen. MacArthur in answering a question from Special Presidential Assistant, Averell Harriman, as to what to do about Korean Red war criminals, said to leave that to the commander in the field. He said, "Do not touch war criminals. It doesn't work".

He said that the Tokyo and Nurenberg War Crimes trials would have "no deterent" effect. He said, "In my own right, I can handle those who have committed atrocities and if we catch them, I intend to try them immediately by a military commission".

（訳）

一．マッカーサー元帥は、朝鮮戦争の戦犯についてはどうするのかというアベレル・ハリマン大統領特別顧問からの質問に答えて、それを現地司令官に一任するように述べた。彼は、「戦犯には手をつけるな、手をつけてもうまくいかない」と述べた。

彼は、東京裁判とニュールンベルグ裁判には「警告的」な効果はないだろうと述べた。彼は、「私は独自の権限で残虐行為を犯した者の処理はできるし、もし彼らを捕えれば私は軍法会議の手によって直ちにこれを裁判に附するつもりだ」と述べた。

②関東地方六紙

▼『東京新聞』（朝刊）昭和二十六年五月四日付

〝中共は介入すまい〟

ウエーキ会談　マ元帥報告を公表

【ワシントン二日発UP＝共同】（ヘンスレー記者）ウエーキ会談の報告で注目をひく点は、マ元帥が次の諸点を信じているということである

一、マ元帥はハリマン大統領特別顧問から北鮮の戰犯をどうするかとの質問を受けたのにたいし「戰犯には手をつけてもうまく行かない」と答え、これを現地司令官に一任するよう述べた、また元帥は東京裁判とニュールンベルグ裁判には「警告的」な効果はないだろうと述べ「わたくしは独自の権限で残虐行為を犯した者の処理はできるし、もし彼らを捕えればわたくしは軍法会議の手によつて直ちにこれを裁判に附するつもりだ」と答えた

▼『いはらき』（朝刊）昭和二十六年五月四日付

マ元帥東京裁判の誤りを信ず

【ワシントン二日UP共同】（ヘンスレー記者）米上院軍事外交合同委員会は二日トルーマン大統領およびワシントン当局者とマッカーサー元帥との間に行われた歴史的なウエーク島会談の秘密文書を公表したがその中で注目をひく点はマ元帥が次の諸点を信じているということである

一、極東軍事裁判は誤りであつた

一、米国は対日占領費の一部を支払うべきであつた

一、太平洋反共同盟は大変な仕事で実行は不可能である

▼『下野新聞』（朝刊）昭和二十六年五月四日付

東京裁判の誤りを信ず　マ元帥

【ワシントン二日発UP＝共同】（ヘンスレー記者）米上院軍事外交合同委員会は二日トルーマン大統領およびワシントン当局者とマッカーサー元帥との間に行われた歴史的なウエーク島会談の秘密文書を公表したが、その中で注目をひく点はマ元帥が次の諸点を信じているということである。

一、極東軍事裁判は誤りであつた。
一、米国は対日占領費の一部を支払うべきであつた。
一、太平洋反共同盟は大変な仕事で実行は不可能である。

▼『上毛新聞』（朝刊）昭和二十六年五月四日付

ウエ会談の文書公表
動乱の早期解決確信
マ元帥中共の介入予想せず

会談報告要旨

【ワシントン二日発UP＝共同】

米上院軍事外交合同委員会が二日発表したウエーク会談にかんする要旨つぎのとおり

トルーマン大統領がマッカーサー元帥に「朝鮮動乱にたいし中共またはソ連の介入の可能性はどうか」と質したのにたいし、マ元帥はつぎのように答えた

その「可能性」はほとんどない、動乱発生直後の一、二ヵ月中に介入したらその効果は決定的であつただろう、しかしわれわれはもはやかれらの介入を恐れない、中共は三十万の兵力を満州にもつているが鴨緑江岸地域に配置されているものは十万ないし十一万五千でそのうち鴨緑江を渡河できるのは五、六万であろう、中共は空軍をもつていないから中共が平壌に南下して来たら大殺戮が行われるであろう、ソ連についても事情はほとんど同じである、ソ連はシベリアに優秀な飛行士の乗つたジェット機およびB25型、B29型爆撃機など一千機をもち、さらにソ連の第五、第七艦隊から艦載機約二、三百機を飛ばせることができよう、しかし恐らく米空軍の敵ではない、ソ連はまた北鮮で使用すべき地上軍をもつてないし、ソ連にとつて地上軍を朝鮮の戦線に送ることは困難であろう、朝鮮戰乱に介入した場合のソ連空軍と中共地上軍との協力は非常に薄弱なものであろう、南北鮮を通じての本格的な共産軍の抵抗は十一月廿三日の感謝祭までに終わると信ずる、南北鮮には約一万二千のゲリラ隊が残つているにすぎない、われわれがこれを撃破しなくても冬がこれを撃破するであろう、北鮮侵略者は面子のために戦つているのだから、彼等を皆殺しにするのが私の本意ではない

▼『埼玉新聞』（朝刊）昭和二十六年五月四日付

マ元帥證言台に立つ

議会の対立激化せん

【ワシントン二日発ロイター＝共同】マッカーサー元帥はいよいよ三日米上院軍事外交合同委員会の秘密会に出席、上院の元帥を批判する者および元帥支持者の双方から尋問を受けることになつた、同委員会委員廿五名は二日この秘密聴聞会に他の議員の出席を許さないことを申し合わせたためさらに議会内の対立激化に輪をかけるもようである、同委員会はこんご数週間にわたりマ元帥およびトルーマン大統領の主要軍事顧問らの見解を聞いた後おそらく多数派少数派をそれぞれ米政府及び朝鮮の戦争にたいする米国の出方に大きな影響を与えるかもしれないような報告書を作成するものとみられる

▼『神奈川新聞』（朝刊）昭和二十六年五月四日付

ウェーキ会談

極秘文書公表

【ワシントン二日発UP＝共同】

マックアーサー元帥解任の原因となつた軍事外交上の意見対立を調査中の米上院軍事外交合同委員会は、二日ウエーキ島会談の政府記録文書を公表した、この文書は「一九五〇年十月十五日ウエーキ島で行われた発言内容――ワシントンからの参加者が記録したものをブラッドレー統合参謀本部議長が収録す」との表題を付した十七ページにわたるもので、同文書はウエーキ島でトルーマン大統領がマ元帥に「中共とソ連が介入してくる公算はどうか」と質問したのに対しマ元帥は「その公算は極めて少ない、もしも動乱発生後の一、二カ月間に介入していたら決定的なものになつていただろう、われ〳〵はもはや彼らの介入を恐れることはない」と確答したことを明らかにしている

第二ブロック（北海道・東北地方、中部・東海地方、近畿地方）

①北海道・東北地方七紙

▼『北海道新聞』（夕刊）昭和二十六年五月四日付

東京裁判は失敗

マ元帥の見解　困難な太平洋同盟

【ワシントン二日発UP＝共同】

（ヘンスレー記者）米上院軍事外交合同委員会は二日、トルーマン大統領およびワシントン当局者とマッカーサー元帥との間に行われた歴史的なウエーキ島会談の秘密文書を公表したが、その中で注目を引く点はマ元帥が次の諸点を信じているということである。

一、極東軍事裁判は誤りであつた。
一、米国は対日占領費の一部を支払うべきであつた。
一、太平洋反共同盟は大変な仕事で実行は不可能である。
ウエーキ会談はマ元帥とトルーマン大統領の二人だけと大統領の随員を交えた二種類の会談が行われたわけだが、日本および太平洋にとつて主要関心事となる問題はつぎのような順序で生まれてきたものである。
一、マ元帥はハリマン大統領特別顧問から北鮮の戦犯をどうするかとの質問を受けたのにたいし、『戦犯には手をつけてもうまくいかない』と答え、これを現地司令官に一任するように述べた。また元帥は東京裁判とニュールンベルグ裁判には『警告的な』効果はないだろうと述べ『わたくしは独自の権限で残虐行為を犯した者の処理はできるし、もし彼らを捕えればわたくしは軍法会議の手によつて直ちにこれを裁判に付するつもりだ』と答えた。

▼『東奥日報』（朝刊）昭和二十六年五月四日付

ウエーキ会談報告書公表　マ元帥の見解

中ソ介入考えられず

台湾問題は大統領と一致

【ワシントン二日UP＝共同】

米上院軍事、外交合同委員会は二日ウエーキ島会談にかんする報告書を発表した、要旨つぎのとおりトルーマン大統領がマッカーサー元帥に「朝鮮動乱にたいし、中共またはソ連の介入の可能性はどうか」と質したのにたいし、マ元帥はつぎのように答えた

その可能性はほとんどない、戦乱発生直後の一、二ヵ月中に介入したらその効果は決定的であつただろう、しかしわれわれはもはやかれらの介入を恐れない、中共は三十万の兵力を満州に持つているが鴨緑江（ヤール）江岸地域に配置されているのは十万ないし十二万五千で、そのうち鴨緑江を渡河できるのは五、六万であろう、中共は空軍をもつていないから中共が平壌（ピョンヤン）に南下して来たら大殺りくが行われるであろう、ソ連についても事情はほとんど同じである、ソ連はシベリアに優秀な飛行士の乗つたジェット機およびB25型、B29型の爆撃機など約千機をもち、さらにソ連の第五、第七艦隊から艦載機約二、三百機を飛ばせることができよう、しかしおそらく米空軍の敵ではない、ソ連はまた北鮮で使用すべき地上軍をもつてないし、ソ連にとつて地上軍を朝鮮戦線に送ることは困難であろう、朝鮮戦乱に介入した場合のソ連空軍と中共地上軍との協力は非常に薄弱なものであろう、

南北鮮を通じての本格的な共産軍の抵抗は十一月二十三日の感謝祭までに終わると信じる、南鮮には約一万五千のゲリラ隊員が残つているにすぎない、われわれがこれを撃破しなくても冬がこれを撃破するであろう、北鮮侵略軍は面子を保つために戦つているのだから、彼らをみな殺しにするのは私の本意ではない

▼『新岩手日報』（朝刊）昭和二十六年五月四日付

「警告的効果なし」
マ元帥確信　極東軍事裁判は誤り

【ワシントン二日発UP＝共同】

（ヘンスレー記者）米上院軍事、外交合同委員会は二日、歴史的なウェーキ会談の秘密文書を公表したが、その中で注目を引く点はマ元帥が次の諸点を信じているということである。

一、極東軍事裁判は誤りであった。

一、米軍は対日占領費の一部を支払うべきであった。

一、太平洋反共同盟は大変な仕事で実行は不可能である。

ウェーキ会談はマ元帥とトルーマン大統領の二人だけと、大統領の随員を交えた二種類の会談が行わ

れたが、日本および太平洋にとっても主要関心事となる問題は次のような順序で生れて来たものである。
一、マ元帥はハリマン大統領特別顧問から北鮮の戰犯をどうするかとの質問を受けたのにたいし『戰犯には手をつけてもうまくいかない』と答え、これは総司令官に一任するよう述べた。また元帥は東京裁判とニュールンベルグ裁判には『警告的な』効果はないだろうと述べ『わたくしは独自の権限で残虐行為を犯した者の処理は出来るし、もし彼らを捕えれば、わたくしは軍法会議の手によって直ちにこれを裁判に付するつもりだ』と答えた

▼『河北新報』（朝刊）昭和二十六年五月四日付

ウェーク　会談秘密文書
米上院合同委で公表

ワシントン二日発ＵＰ【共同】ヘンスレー記者＝米上院軍事、外交合同委員会は二日トルーマン大統領およびワシントン当局者とマッカーサー元帥との間に行われた歴史的なウェーク会談の秘密文書を公表したがその中で注目を引く点は、マ元帥が次の諸点を信じているということである
一、極東軍事裁判は誤りであつた
一、米軍は日本占領費の一部を支払うべきであつた

一、太平洋反共同盟は大変な仕事で実行は不可能である
ウェーク会談はマ元帥とトルーマン大統領の二人だけと、大統領の随員を交えた二種類の会談が行われたわけだが、日本および太平洋にとつて主要関心事となる問題は次のような順序で生まれてきたものである

一、マ元帥はハリマン大統領特別顧問から北鮮の戰犯をどうするかとの質問を受けたのにたいし「戰犯には手をつけてもうまくいかない」と答え、これを現地司令官に一任するようのべた、また元帥は東京裁判とニュールンベルグ裁判には「警告的な」効果はないだろうとのべ「わたくしは独自の権限で、残ぎやく行為を犯した者の処理はできるし、もし彼らを捕えればわたくしは軍法会議の手によつて直ちにこれを裁判に付するつもりだ」と答えた

▼『山形新聞』(朝刊) 昭和二十六年五月四日付

東京裁判の誤り信ず
マ元帥　太平洋同盟は不可能

【ワシントン二日UP＝共同】(ヘンスレー記者) 米上院軍事外交合同委員会は二日トルーマン大統領およびワシントン当局者とマックアーサー元帥との間に行なわれた歴史的なウエーク島会談の秘密

文書を公表したが、その中で注目をひく点はマ元帥が次の諸点を信じているということである

一、極東軍事裁判は誤りであつた

一、米国は対日占領費の一部を支払うべきであつた

一、太平洋反共同盟は大変な仕事で実行は不可能である

ウエーク会談はマ元帥とトルーマン大統領の二人だけと大統領の随員を交えた二種類の会談が行われたわけだが、日本および太平洋にとつて主要関心事となる問題は次のような順序で生まれてきたものである、マ元帥はハリマン大統領特別顧問から北鮮の戦犯をどうするかとの質問を受けたのに対し『戦犯には手をつけてもうまく行かない』と答え、これを現地司令官に一任するようにのべた

また元帥は東京裁判とニュールンベルグ裁判には『警告的な』効果はないだろうとのべ『わたくしは独自の権限で残虐行為を犯した者の処理はできるし、もし彼等を捕えればわたくしは軍法会議の手によつて直ちにこれを裁判に付するつもりだ』と答えた

▼『福島民報』(朝刊) 昭和二十六年五月四日付

軍事裁判は誤り　マ元帥表明

【ワシントン二日UP＝共同】

（ヘンスレー記者）米上院軍事外交合同委員会は二日トルーマン大統領およびワシントン当局者とマッカーサー元帥との間に行われた歴史的なウェーク島会談の秘密文書を公表したが、その中で注目をひく点はマ元帥が次の諸点を信じているということである

▽極東軍事裁判は誤りであった
▽米国は対日占領費の一部を支払うべきであった
▽太平洋反共同盟は大変な仕事で実行は不可能である

▼『秋田魁《さきがけ》新報』（朝刊）昭和二十六年五月四日付

太平洋同盟の困難性
マ元帥が信ず東京裁判の誤り

【ワシントン二日発UP＝共同】（ヘンスレー記者）米上院軍事外交合同委員会は二日トルーマン大統領およびワシントン当局者とマッカーサー元帥との間に行われた歴史的なウェーク島会談の秘密文書を公表したが、その中で注目をひく点は、マ元帥が次の諸点を信じているということである

一、極東軍事裁判は誤りであった
一、米軍は対日占領費の一部を支払うべきであった

一、太平洋反共同盟は大変な仕事で実行は不可能である

ウェーク会談はマ元帥とトルーマン大統領の二人だけと、大統領の随員を交えた二種類の会談が行われたわけだが、日本および太平洋にとって主要関心事となる問題は次のような順序で生まれて来たものである

一、マ元帥はハリマン大統領特別顧問から北鮮の戰犯をどうするかとの質問を受けたのにたいし「戰犯には手をつけてもうまく行かない」と答え、これを現地司令官に一任するようのべた、また元帥は東京裁判とニュールンベルグ裁判には「警告的な」効果はないだろうとのべ「わたくしは独自の権限で、残ぎゃく行為を犯した者の処理はできるしもし彼らを捕えればわたくしは軍法会議の手によって直ちにこれを裁判に付するつもりだ」と答えた

②中部・東海地方六紙

▼『山梨日日新聞』（朝刊）昭和二十六年五月四日付

東京裁判は誤り

マッカーサー元帥の見解

【ワシントン二日発UP（ヘンスレー記者）＝共同】米上院軍事外交合同委員会が二日公表したトルーマン大統領およびワシントン当局者とマッカーサー元帥との間に行われた歴史的なウエーク島会談の秘密文書の中で注目をひく点はマ元帥が次の諸点を信じているということである

一、極東軍事裁判は誤りであつた

一、米軍は日本占領費の一部を支払うべきであつた

一、太平洋反共同盟は大変な仕事で実行は不可能である

▼『信濃毎日新聞』（朝刊）昭和二十六年五月四日付

マ元帥　占領費負擔も勧告

【ワシントン二日発UP＝共同】ヘンスレー記者＝米上院軍事外交合同委員会は二日、トルーマン大統領およびワシントン当局者とマッカーサー元帥との間に行われた歴史的なウエーク島会談の秘密文書を公表したが、その中で注目をひく点は、マ元帥が次の諸点を信じているということである

一、極東軍事裁判は誤りであつた

一、米軍は対日占領費の一部を支払うべきであつた

一、太平洋反共同盟は大変な仕事で実行は不可能である

▼『静岡新聞』（朝刊）昭和二十六年五月四日付

「極東裁判」は誤り

【ワシントン二日UP＝共同】

ヘンスレー記者＝米上院軍事外交合同委員会を（ママ）二日、トルーマン大統領およびワシントン当局者とマッカーサー元帥との間に行なわれた歴史的なウェーク島会談の秘密文書を公表したが、その中で注目をひく点は、マ元帥が次の諸点を信じているという（ママ）て主要関心事となる問題はつぎのような順序で生まれてきたものである

一、マ元帥はハリマン大統領特別顧問から北鮮の戰犯をどうするかとの質問を受けたのにたいし「戰犯には手をつけてもうまく行かない」と答え、これを現地司令官に一任するよう述べた、

また

一、極東軍事裁判は誤りであつた

一、米国は対日占領費の一部を支払うべきであつた

一、太平洋反共同盟は大変な仕事で実行は不可能である、ウエーク会談はマ元帥とトルーマン大統領の二人だけと、大統領の随員を交えた二種類の会談が行われたわけだが日本および太平洋にとつて

元帥は東京裁判とニュルンベルグ裁判には「警告的な」効果はないだろうとのべ「わたくしは独自の権限で残ぎやく行為を犯した者の処理はできるし、もし彼らを捕えればわたくしは軍法会議の手によつてただちにこれを裁判に付するつもりだ」と答えた

▼『東海夕刊』昭和二十六年五月四日付

東京裁判は誤り
ソ連を除いても即時講和　マ元帥の信念

ワシントン二日UPヘンスレー記者【共同】米上院軍事外交合同委員会は、トルーマン大統領およびワシントン当局者とマッカーサー元帥との間に行われた歴史的なウエーク島会談の秘密文書を公表したが、その中で注目をひく点はマ元帥が次の諸点を信じているということである

一、極東軍事裁判は誤りであった
一、米国は対日占領費の一部を支払うべきであった
一、太平洋反共同盟は大変な仕事で実行は不可能である

ウエーク会談はマ元帥とトルーマン大統領の二人だけと大統領の随員を交えた二種類の会談が行われたもので、日本および太平洋にとって主要関心事となる問題は次のような順序で生れてきたものである

一、マ元帥はハリマン大統領特別顧問から北朝鮮の戰犯をどうするかとの質問を受けたのにたいし「戰犯には手をつけてもうまく行かない」と答え、これを現地司令官に一任するようのべた、また元帥は東京裁判とニュールンベルグ裁判には「警告的な」効果はないだろうとのべ「わたくしは独自の権限で残ぎゃく行為を犯した者の処理はできるし、もし彼らを捕えればわたくしは軍法会議の手によって直ちに裁判に付するつもりだ」と答えた

▼『岐阜タイムス』（朝刊）昭和二十六年五月四日付

中共介入恐れなし

ウエーク会談　記録文書を公表

マ元帥の確答

ワシントン二日発UP【共同】マッカーサー元帥解任の原因となつた軍事、外交上の意見対立を調査中の米上院軍事外交合同委員会は二日ウエーク島会談の政府記録文書を公表した、この文書は「一九五〇年十月十五日ウエーク島で行われた発言内容―ワシントンからの参加者が記録したもの―をブラドレー統合参謀本部議長が収録す」との表題を付した十七頁に亘るもので同文書はウエーク島でトルーマン大統領がマ元帥に「中共とソ連が介入してくる公算はどうか」と質問したのにたいし、

マ元帥は「その公算は極めて少ない、もしも動乱発生後の一、二ケ月間に介入していたら決定的なものになつていただろう、われわれは、もはや彼らの介入を恐れることはない」と確答したことを明らかにしている

トルーマン大統領がマッカーサー元帥に「朝鮮動乱にたいし中共またはソ連の介入の可能性はどうか」と質したのにたいし、マ元帥はつぎのように答えた

その可能性はほとんどない、戦乱発生直後の一、二ケ月中に介入したらその効果は決定的であつただろう、しかしわれわれはもはや彼らの介入を恐れない、中共は卅万の兵力を満州にもつているが鴨緑江岸地域に配置されているのは十万ないし十二万五千でそのうち鴨緑江を渡河できるのは五、六万であろう、中共は空軍をもつていないから中共が平壌に南下してきたら大殺りくが行なわれるであろう、ソ連についても事情はほとんど同じである、ソ連はシベリアに優秀な飛行士の乗つたジェット機およびB25型、B29型爆撃機など約千機をもち、さらにソ連の第五、第七艦隊から艦載機約二、三百機を飛ばせることができよう、しかしおそらく米空軍の敵ではない、ソ連はまた北鮮で使用すべき地上軍をもつてないし、ソ連にとつて地上軍を朝鮮の戦線に送ることは困難であろう、朝鮮戦乱に介入した場合のソ連空軍と中共地上軍との協力は非常に薄弱なものであろう、南北鮮を通じての本格的な共産軍の抵抗は十一月二十三日の感謝祭までに終わると信ずる、南鮮には約一万五千のゲリラ隊員が残つているにすぎない、われわれがこれを撃破しなくても冬がこれを撃破するであろう、北鮮侵略者

は面子を保つために戦つているのだから、彼らを皆殺しにするのが私の本意ではない

▼『中部日本新聞』（朝刊）昭和二十六年五月四日付

〝中共介入〟可能性なし
マ元帥、ト大統領に答う

ワシントン二日発UP【共同】米上院軍事外交合同委員会は二日ウェーキ島会談に関する要旨つぎのごとき秘密文書を公表した

一、トルーマン大統領がマッカーサー元帥に「朝鮮動乱に対し中共またはソ連の介入の可能性はどうか」と質問したのに対しマ元帥はつぎのように答えた

その可能性はほとんどない、戦乱発生直後の一、二ヵ月中に介入したらその効果は決定的であっただろう、しかしわれわれはもはや彼らの介入を恐れない、中共は三十万の兵力を満州にもっているが鴨緑江岸地域に配置されているのは十万ないし十二万五千で、そのうち鴨緑江を渡河できるのは五、六万であろう、中共は空軍をもっていないから中共が平壌に南下してきたら大殺りくが行なわれるであろう、ソ連についても事情はほとんど同じである、ソ連はシベリアに優秀な飛行士の乗ったジェット機およびB25型、B29型の爆撃機など約千機をもち、さらにソ連の第五、第七艦隊から艦載

機約二、三百機を飛ばせることができよう、しかしおそらく米空軍の敵ではない、ソ連はまた北鮮で使用すべき地上軍をもってないし、ソ連にとって地上軍を朝鮮の戰線に送ることは困難であろう、朝鮮戰乱に介入した場合のソ連空軍と中共地上軍との協力は非常に薄弱なものであろう、南北鮮を通じて本格的な共産軍の抵抗は十一月二十三日の感謝祭までに終わると信ずる、南鮮には約一万五千のゲリラ隊員が残っているにすぎない、われわれがこれを撃破しなくても冬がこれを撃破するであろう、北鮮侵略者は面子を保つために戦っているのだから彼らを皆殺しにするのが私の本意ではない。

▼『中部経済新聞』（朝刊）昭和二十六年五月四日付

中共介入の惧れなし
マ元帥、ウエーキ會談で强調

ワシントン二日発ＵＰ【共同】米上院軍事外交合同委員会が二日発表したウエーキ島会談に関する報告要旨つぎのとおり

トルーマン大統領がマツカーサー元帥に「朝鮮動乱に対し中共またはソ連の介入の可能性はどうか」と質したのに対しマ元帥は次のように答えた、その可能性はほとんどない、中共は三十万の兵力を満州にもつているが鴨緑江岸地域に配置されているのは十万ないし十二万五千で、そのうち鴨緑江を渡河できるのは五、六万であろう、中共は空軍をもつていないから中共が平壌に南下したら大殺りくが行われるであろう、ソ連についても事情は同じでおそらく米空軍の敵ではない、ソ連はまた北鮮で使用すべき地上軍をもつてない、ソ連にとつて地上軍を朝鮮の戰線に送ることは困難であろう、朝鮮戰乱に介入した場合のソ連空軍と中共地上軍との協力は非常に薄弱なものであろう、南北鮮を通じての本格的な共産軍の抵抗は十一月二十三日の感謝祭までに終わると信じる、南鮮には約一万五千のゲリラ隊員が残つているにすぎない、われわれがこれを撃破しなくても冬がこれを撃破するであろう、北鮮侵略者は面子を保つために戰つているのだから彼らをみな殺しにするのが私の本意ではない、

③近畿地方七紙

▼『伊勢新聞』（朝刊）昭和二十六年五月四日付

中共の介入恐れず

マ元帥、ウェーク會談で表明　上院合同委發表

【ワシントン二日発UP共同】米上院外交合同軍事委員会が二日発表したウェーク島会談にかんする報告要旨つぎのとおり

トルーマン大統領がマッカーサー元帥に「朝鮮動乱にたいし中共またはソ連の介入の可能性はどうか」と質したのにたいしマ元帥はつぎのように答えた

その可能性はほとんどない、戦乱発生直後の一、二ヵ月中に介入したら、その効果は決定的であつただろう、しかしわれわれはもはやかれらの介入を恐れない、中共は三十万の兵力を満州にもつているが鴨緑江岸に配置されているのは十万ないし十二万五千で、そのうち鴨緑江を渡河できるのは五、六万であろう、中共は空軍をもつていないから中共が平壌に南下して来たら大殺りくが行なわれるであろう、ソ連についても事情はほとんど同じである、ソ連はシベリアに、優秀な飛行士の乗つたジェット機およびB25型、B29型爆撃機など約千機をもち、さらにソ連の第五、第七艦隊から艦載機約二、三百機を飛ばせることができよう、しかしおそらく米空軍の敵ではない、ソ連はまた北鮮で使用すべき地上軍をもつてないし、ソ連にとつて地上軍を朝鮮の戦線に送ることは困難であろう、朝鮮戦乱に介入した場合のソ連空軍と中共地上軍との協力は非常に薄弱なものであろう、南北鮮を通じての本格的な共産軍の抵抗は十一月二十三日の感謝祭までに終わると信じる、南鮮には約一万二千のゲリラ隊が残つているにすぎない、われわれがこれを撃破しなくても冬がこれを撃破するであろう、北鮮侵略者は面子を保つために戦つているのだから、彼等を皆殺しにするのが私の本意ではない。

▼『大和タイムス』(朝刊) 昭和二十六年五月四日付

ウェーク會談でマ元帥表明

『東京裁判』は効果なし

占領費の一部は米國で負擔

【ワシントン二日発UP(ヘンスレー記者)=共同】=米上院軍事外交合同委員会は二日トルーマン大統領およびワシントン当局者とマ元帥との間に行なわれた歴史的なウェーク島会談の秘密文書を公表したが、その中で注目をひく点はマ元帥が次の諸点を信じているということである。

一、極東軍事裁判は誤りであつた。

一、米軍は対日占領費の一部を支払うべきであつた。

一、太平洋防共同盟は大変な仕事で実行は不可能である。

ウェーク会談はマ元帥とトルーマン大統領の二人だけと大統領の随員を交えたものと二種類の会談が行われたわけだが、日本および太平洋にとつて主要関心事となる問題はつぎのような順序で生まれてきたものである。

一、マ元帥はハリマン大統領特別顧問から北鮮の戰犯をどうするかとの質問を受けたのに対し、戰犯には手をつけてもうまく行かないと答え、これを現地司令官に一任するよう述べた。

一、マ元帥は東京裁判とニュールンベルグ裁判には「警告的な」効果はないだろうと述べ「私は独自の権限で残虐行為を犯したものの処理ができるし、もし彼らを捕えれば私は軍法会議の手によつて直ちにこれを裁判に付するつもりだ」と答えた。

▼『朝日新聞』(朝刊)昭和二十六年五月四日付

中ソ不介入

ウェーキ会談　マ元帥予測

【ワシントン二日発UP＝共同】米上院軍事外交合同委員会が二日発表したウェーキ島会談に関する報告要旨つぎのとおり。

トルーマン大統領がマックアーサー元帥に「朝鮮動乱にたいし中共またはソ連の介入の可能性はどうか」と質したのにたいしマ元帥はつぎのように答えた。

その可能性はほとんどない。戦乱発生直後の一、二カ月に介入したら、その効果は決定的であっただろう。しかしわれ〳〵はかれらの介入を恐れない。中共は三十万の兵力を満州にもっているが、鴨緑江岸地域に配備されているのは十万ないし十二万五千で、うち鴨緑江を渡河できるのは五、六万であろう。中共は空軍をもっていないから中共が平壌に南下して来たら大殺りくが行なわれるであろう。

ソ連についても事情はほとんど同じである。ソ連はシベリアに優秀な飛行士の乗ったジェット機およびB25型、B29型爆撃機など約千機をもち、さらにソ連の第五、第七艦隊から艦載機約二、三百機を飛ばせることができよう。しかしおそらく米空軍の敵ではない。ソ連はまた北鮮で使用すべき地上軍をもってないし、ソ連にとって地上軍を朝鮮戰線に送ることは困難であろう。朝鮮戰乱に介入した場合のソ連空軍と中共地上軍との協力は非常に薄弱なものであろう。

▼『毎日新聞』(夕刊) 昭和二十六年五月四日付

東京裁判は誤だった

マ元帥の対日見解　占領費は米負担

【ワシントン二日UPヘンスレー記者＝共同】ウェーキ島会談の秘密文書を公表したがその中で注目をひく点はマ元帥が極東軍事裁判は誤りであったことを信じているということである。マ元帥はハリマン大統領特別顧問から北鮮の戰犯をどうするかとの質問を受けたのにたいし「戰犯には手をつけてもうまく行かない」と答え、これを現地司令官に一任するようにのべた。また元帥は東京裁判とニュールンベルグ裁判には「警告的な」効果はないだろうとのべ「私は独自の権限で残ぎゃく行為を犯した者の処理はできるし、もし彼らを捕えれば私は軍法会議の手によって直ちにこれを裁判に附するつもりだ」と答えた。

▼『産業経済新聞』（朝刊）昭和二十六年五月四日付

東京裁判強行は誤り
太平洋同盟は実現難

【ワシントン二日発UP＝共同】（ヘンスレー記者）ウェーキ島会談の秘密文書の中で注目をひく点は、マ元帥が次の諸点を信じているということである

一、極東軍事裁判は誤りであった

一、米国は対日占領費の一部を支払うべきであった

一、太平洋反共同盟は大変な仕事で実行は不可能である

ウェーキ会談で日本および太平洋にとって主要関心事となる問題はつぎのような順序で生まれてきたものである

一、マ元帥はハリマン大統領特別顧問から北鮮の戰犯をどうするかとの質問を受けたのにたいし「戰犯には手をつけてもうまく行かない」と答え、これを現地司令官に一任するようにのべた、また元帥は東京裁判とニュールンベルグ裁判には「警告的な」効果はないだろうとのべ「わたくしは独自の権限で、残虐行為を犯した者の処理はできるし、もし彼らを捕えればわたくしは軍法会議の手によって直ちにこれを裁判に付するつもりだ」と答えた

▼『京都新聞』(朝刊) 昭和二十六年五月四日付

東京裁判は誤つた

【ワシントン2日発UP=共同】

ヘンスレー記者=米上院軍事外交合同委員会は二日、ウェーキ島会談の秘密文書を公表したが、その中で注目をひく点はマッカーサー元帥が次の諸点を信じているということである。

一、極東軍事裁判は誤りであつた

一、米国は対日占領費の一部を支払うべきであつた

一、太平洋反共同盟は大変な仕事で実行は不可能である

▼『夕刊神戸』昭和二十六年五月四日付

東京裁判の誤り信ず

注目引く諸点　太平洋反共同盟は不能

【ワシントン二日発UP=共同】

（ヘンスレー記者）米上院軍事・外交合同委員会は二日トルーマン大統領およびワシントン当局者とマッカーサー元帥との間に行われた歴史的なウェーク島会談の秘密文書を公表したが、その中で注目を引く点はマ元帥が次の諸点を信じているということである

（一）極東軍事裁判は誤りであった

（一）米国は対日占領費の一部を支払うべきであった

（一）太平洋反共同盟は大変な仕事で実行は不可能である

ウェーク会談はマ元帥とトルーマン大統領の二人だけと大統領の随員を交えた二種類の会談が行われたが、日本および太平洋にとって主要関心事となる問題はつぎのような順序で生まれてきたものである

（一）マ元帥はハリマン大統領特別顧問から北朝鮮の戰犯をどうするかとの質問を受けたのに対し「戰犯には手をつけてもうまく行かない」と答え、これを現地司令官に一任するよう述べた、また元帥は「東京裁判とニュールンベルグ裁判には〝警告的〟効果はないだろう」と述べ「私は独自の権限で残虐行為を犯した者の処理はできるし、もし彼らを捕えれば私は軍法会議の手によって直ちにこれを裁判に付するつもりだ」と答えた

第三ブロック（その他の地方）

①中国地方四紙

▼『山陽新聞』（朝刊）昭和二十六年五月四日付

東京裁判は誤り

マ元帥の所信　対日占領費、米で一部負担

【ワシントン二日発UP特約】ヘンスレー記者＝米上院軍事外交合同委員会は二日ウェーク島会談の秘密文書を公表したが、その中で注目をひく点はマ元帥がつぎの諸点を信じているということである。

一、極東軍事裁判は誤りであった。

一、米国は対日占領費の一部を支払うべきであった。

一、太平洋反共同盟は大変な仕事で実行は不可能である。

ウェーク会談はマ元帥とトルーマン大統領の二人だけと、大統領の随員を混えた《ママ》二種類の会談が行われたわけだが、日本および太平洋にとって主要関心事となる問題はつぎのような順序で生まれてきたものである

一、マ元帥はハリマン大統領特別顧問から北鮮の戰犯をどうするかとの質問をうけたのにたいし「戰犯には手をつけてもうまく行かない」と答え、これを現在司令官に一任するようのべた。また元帥は東京裁判とニュールンベルグ裁判には「警告的な」効果はないだろうとのべ「私は独自の権限で残ギャク行為を犯した者の処理はできるし、もし彼らを捕えれば私は軍法会議の手によって直ちにこれを裁判に附するつもりだ」と答えた。

▼『中國新聞』（朝刊）昭和二十六年五月四日付

ウェーク會談極秘文書公表

ウェーク會談報告要旨

【ワシントン二日発UP＝共同】

米上院軍事外交合同委員会が二日発表したウェーク会談にかんする報告要旨次の通り

トルーマン大統領がマッカーサー元帥に「朝鮮動乱にたいし中共またはソ連の介入の可能性はどうか」と質したのにたいし、マ元帥は次のように答えた。

その可能性はほとんどない、戦乱発生直後の一、二ヶ月中に介入したらその効果は決定的であっただろう、しかしわれわれはもはやかれらの介入を恐れない、中共は三十万の兵力を満州にもっているが、鴨緑（ヤール）江岸地域に配置されているのは十万ないし十二万五千でそのうち鴨緑江を渡河できるのは五、六万であろう、中共は空軍をもっていないから中共が平壌（ピョンヤン）に南下して来たら大殺りくが行なわれるであろう、ソ連についても事情はほとんど同じである、ソ連はシベリアに優秀な飛行士の乗ったジェット機およびB25型、B29型爆撃機など約千機をもち、さらにソ連の第五、第七艦隊から艦載機約二、三百機を飛ばせることができよう、しかしおそらく米空軍の敵ではない、ソ連はまた北鮮で使用すべき地上軍をもってないし、ソ連にとって地上軍を朝鮮の戦線に送ることは困難であろう、朝鮮戦乱に介入した場合のソ連空軍と中共地上軍との協力は非常に薄弱なものであろう、南北鮮を通じての本格的な共産軍の抵抗は十一月二十三日の感謝祭までに終わると信じる、南鮮には約一万五千のゲリラ隊員が残っているにすぎない、われわれがこれを撃破しなくても冬がこれを撃破するであろう、北鮮軍は面子を保つために戦っているのだから、彼らをみな殺しにするのが私の本意ではない、

▼『島根新聞』（朝刊）昭和二十六年五月四日付

マ元帥東京裁判の誤り信ず

太平洋同盟は実行不能

【ワシントン二日発UP＝共同】（ヘンスレー記者記）米上院軍事外交合同委員会は二日、トルーマン大統領およびワシントン当局者とマッカーサー元帥との間に行なわれた歴史的なウェーク島会談の秘密文書を公表したが、その中で注目をひく点は、マ元帥が次の諸点を信じているということである。

一、極東軍事裁判は誤りであつた　一、米国は対日占領費の一部を支拂うべきであつた

一、太平洋反共同盟は大変な仕事で実行は不可能である

ウェーク会談はマ元帥とトルーマン大統領の二人だけと、大統領の随員を交えた二種類の会談が行われたわけだが、日本および太平洋にとつて主要関心事となる問題は次のような順序で生まれてきたものである。

一、マ元帥はハリマン大統領特別顧問から北鮮の戰犯をどうするかとの質問を受けたのにたいし、「戰犯には手をつけてもうまくゆかない」と答え、これを現地司令官に一任するようにのべた。また元帥は東京裁判とニュールンベルグ裁判には「警告的な」効果はないだろうとのべ、「わたくしは独自の権限で、残虐行為を犯した者の処理はできるし、もし彼らを捕えればわたしは軍法会議の手によ

つて直ちにこれを裁判に付するつもりだ」と答えた。

▼『日本海新聞』（朝刊）昭和二十六年五月四日付

東京裁判の誤り指摘
ウェーク會談の秘密文書を公表

【ワシントン二日発UP共同】（ヘンスレー記者）米上院軍事外交合同委員会は二日、トルーマン大統領およびワシントン当局者とマッカーサー元帥との間に行われた歴史的なウェーク島会談の秘密文書を公表したが、その中で注目をひく点はマ元帥がつぎの諸点を信じているということである。

一、極東軍事裁判は誤りであつた。

一、米國は対日占領費の一部を支拂うべきであつた。

一、太平洋反共同盟は大変な仕事で実行は不可能である。

ウェーク会談はマ元帥とトルーマン大統領の二人だけと、大統領の随員を交えた二種類の会談が行われたわけだが、日本および太平洋にとつて主要関心事となる問題はつぎのような順序で生まれてきたものである。

一、マ元帥はハリマン大統領特別顧問から北鮮の戦犯をどうするかとの質問を受けたのにたいし「戰犯には手をつけてもうまく行かない」と答え、これを現地司令官に一任するようにのべた。また元帥は東京裁判とニュールンベルグ裁判には「警告的な」効果はないだろうとのべ「わたくしは独自の権限で残ぎやく行為を犯した者の処理はできるしもし彼らを捕えればわたくしは軍法会議の手によつて直ちにこれを裁判に付するつもりだ」と答えた。

②四国地方三紙

▼『四國新聞』（朝刊）昭和二十六年五月四日付

ウエーク島会談の極秘文書　米上院合同委公表

【共同】ワシントン二日発UP＝ウエーク会談にかんする報告要旨はつぎのとおり

トルーマン大統領がマックアーサー元帥に「朝鮮動乱にたいし中共またはソ連の介入の可能性はどうか」と質したのにたいし、マ元帥はつぎのように答えた「その可能性はほとんどない、戦乱発生直後の一、二ケ月中に介入したら、その効果は決定的であつただろう、しかしわれわれはもはやかれらの介入を恐れない、中共は三十万の兵力を満州にもつているが、鴨緑江岸地域に配置されているのは十万ないし十二万五千で、そのうち鴨緑江を渡河できるのは五、六万であろう、中共は空軍をもつていないから中共が平壌に南下して来たら、大殺りくが行なわれるであろう、ソ連についても事情はほとんど同じである、ソ連はシベリアにジェット機およびB25型、B29型爆撃機など約千機をもち、さらにソ連の第五、第七艦隊から艦載機約二、三百機を飛ばせることができよう、しかしおそらく米空軍の敵ではない、ソ連はまた北鮮で使用すべき地上軍をもつてないし、ソ連にとつて地上軍を朝鮮の戦線に送ることは困難であろう、朝鮮戦乱に介入した場合のソ連空軍と中共地上軍との協力は非常に薄弱なものであろう、南北鮮を通じての本格的な共産軍の抵抗は十一月二十三日の感謝祭までに終わると信じる、南鮮には約一万五千のゲリラ隊員が残つているにすぎない、われわれがこれを撃破しなくても冬がこれを撃破するであろう、北鮮軍は面子を保つために戦つているのだから、彼らをみな殺しにするのが私の本意ではない。

▼『愛媛新聞』（朝刊）昭和二十六年五月四日付

ウエーク会談秘密報告

東京裁判の誤り信ず

マ元帥言明　占領費の一部支拂い

ワシントン二日発UPヘンスレー記者（共同）米上院軍事外交合同委員会は二日トルーマン大統領

およびワシントン当局者とマッカーサー元帥との間に行われた歴史的なウエーク島会談の秘密文書を公表したが、その中で注目をひく点はマ元帥がつぎの諸点を論じているということである

一、極東軍事裁判は誤りであつた

一、米国は対日占領費の一部を支払うべきであつた

一、太平洋反共同盟は大変な仕事で実行は不可能である

ウエーク会談はマ元帥とトルーマン大統領の二人だけと大統領の随員を交えた二種類の会談が行われたわけだが、日本および太平洋にとつて主要関心事となる問題はつぎのような順序で生まれてきたものである

一、マ元帥はハリマン大統領特別顧問から北鮮の戰犯をどうするかとの質問を受けたのに対し『戰犯には手をつけてもうまく行かない』と答え、これを現地司令官に一任するように述《(ママ)》た、また元帥は東京裁判とニュールンベルグ裁判には『警告的な』効果はないだろうとのべ『私は独自の権限で残虐行為を犯した者の処理はできるし、もし彼らを捕えれば私は軍法会議の手によつて直ちにこれを裁判に付するつもりだ』と答えた

▼『高知新聞』（朝刊）昭和二十六年五月四日付

〝極東軍事裁判は誤り〟

ワシントン二日発UP（共同）ヘンスレー記者＝米上院軍事・外交合同委員会は二日歴史的なウェーキ島会談の秘密文書を公表したがその中で注目をひく点はマ元帥がつぎの諸点を信じているということである

一、極東軍事裁判は誤りであった

一、米国は対日占領費の一部を支払うべきであった

一、太平洋反共同盟は大変な仕事で実行は不可能である

ウェーキ会談において日本および太平洋にとって主要関心事となる問題はつぎのような順序で生まれて来たものである

一、マ元帥はハリマン大統領特別顧問から北鮮の戰犯をどうするかとの質問を受けたのに対し「戰犯には手をつけてもうまくいかない」と答え、これを現地司令官に一任するように述べた、また元帥は東京裁判とニュールンベルグ裁判には「警告的な」効果はないだろうと述べ「私は独自の権限で残虐行為を犯した者の処理は出来るしもし彼らを捕えれば私は軍法会議の手によって直ちにこれを裁判に付するつもりだ」と答えた

③北陸地方五紙

▼『新潟日報』（朝刊）昭和二十六年五月四日付

東京裁判は無意味

マ元帥の信念

【ワシントン二日発ＵＰ＝共同】ヘンスレー記者＝米上院軍事外交合同委員会が二日公表したウェーク島会談の秘密文書の中で注目をひく点は、マ元帥が（一）極東軍事裁判は誤りであつた（二）米軍は日本占領費の一部を支払うべきであつた（三）太平洋反共同盟は大変な仕事で実行は不可能である、の諸点を信じているということである、

ウェーク会談はマ元帥とトルーマン大統領の二人だけと大統領の随員を交えた二種類の会談が行われたわけだが、日本および太平洋に主要関心事となる問題については次のような会話があつた

一、マ元帥はハリマン大統領特別顧問から北鮮の戰犯をどうするかとの質問を受けたのにたいし「戰犯には手をつけてもうまくいかない」と答え、これを現地司令官に一任するよう述べた、また元帥は東京裁判とニュールンベルグ裁判には「警告的な」効果はないだろうと述べ「わたくしは独自の権限で、残ぎやく行為を犯した者の処理はできるし、もし彼らを捕えればわたくしは軍法会議の手によつて直

ちにこれを裁判に付するつもりだ」と答えた

▼『富山新聞』（朝刊）昭和二十六年五月四日付

東裁の誤りを信ず

【ワシントン二日UPヘンスレー記者＝共同】秘密文書公表のうちで注目をひく点はマ元帥がつぎの諸点を信じているということである

一、極東軍事裁判は誤りであつた

一、米国は対日占領費の一部を支払うべきであつた

一、太平洋反共同盟は大変な仕事で実行は不可能である

ウェーク会談はマ元帥とトルーマン大統領の二人だけと大統領の随員を交えた二種類の会談が行われたわけだが、日本および太平洋にとつて主要関心事となる問題はつぎのような順序で生まれてきたものである

一、マ元帥はハリマン大統領特別顧問から北鮮の戰犯をどうするかとの質問を受けたのにたいし「戰犯には手をつけてもうまくゆかない」と答え、これを現地司令官に一任するようにのべた、また元帥は東京裁判とニュルンベルグ裁判には「警告的な」効果はないだろうとのべ「私は独自の権限で残虐

行為を犯した者の処理はできるし、もし彼らを捕えれば私は軍法会議の手によつてただちにこれを裁判に付するつもりだ」と答えた

▼『北国新聞』(朝刊)昭和二十六年五月四日付

「東京裁判は誤り」　マ元帥ウ会談で発言説

【ワシントン二日UPヘンスレー記者＝(共同)】米上院軍事、外交合同委員会は二日トルーマン大統領およびワシントン当局者とマックアーサー元帥との間に行なわれた歴史的なウェーク島会談の秘密文書を公表したがその中で注目をひく点はマ元帥がつぎの諸点を信じているということである

一、極東軍事裁判は誤りであつた

一、米国は対日占領費の一部を支払うべきであつた

一、太平洋反共同盟は大変な仕事で実行は不可能である

ウェーク会談はマ元帥とトルーマン大統領の二人だけと大統領の随員をまじえた二種類の会談が行われたわけだが、日本および太平洋にとつて主要関心事となる問題はつぎのような順序で生まれてきたものである

一、マ元帥はハリマン大統領特別顧問から北鮮の戰犯をどうするかとの質問をうけたのにたいし「戰

犯には手をつけてもうまくいかない」と答え、これを現地司令官に一任するようにのべた、また元帥は東京裁判とニュールンベルグ裁判には「警告的な」効果はないだろうとのべ「私は独自の権限で残虐行為を犯した者の処理はできるし、もし彼らを捕えれば私は軍法会議の手によつてただちにこれを裁判に付するつもりだ」と答えた

▼『福井新聞』（朝刊）昭和二十六年五月四日付

極東裁判の誤り信ず

【ワシントン二日UP共同】（ヘンスレー記者）米上院軍事外交合同委員会は二日トルーマン大統領およびワシントン当局者とマッカーサー元帥との間に行われた歴史的なウェーク島会談の秘密文書を公表したがその中で注目をひく点はマ元帥が次の諸点を信じているということである。

一、極東軍事裁判は誤りであつた
一、米国は対日占領費の一部を支払うべきであつた
一、太平洋反共同盟は大変な仕事で実行は不可能である

ウェーク会談はマ元帥とトルーマン大統領の二人だけと大統領の随員を交えた二種類の会談が行われたわけだが日本および太平洋にとつて主要関心事となる問題はつぎのような順序で生まれてきたものである

一、マ元帥はハリマン大統領特別顧問から北鮮の戰犯をどうするかとの質問を受けたのにたいし「戰犯には手をつけてもうまくいかない」と答えこれを現地司令官に一任するようにのべた、また元帥は東京裁判とニュールンベルグ裁判には「警告的な」効果はないだろうとのべ「わたくしは独自の権限で残ぎやく行為を犯した者の処理はできるしもし彼らを捕えればわたくしは軍法会議の手によつて直ちにこれを裁判に付するつもりだ」と答えた

▼『北日本新聞』（朝刊）昭和二十六年五月四日付

ウェーキ会談・極秘文書公表

朝鮮戰局を楽観

マ元帥戰犯裁判に反對

ワシントン二日UP（共同）ヘンスレー記者＝米上院軍事外交合同委員会は二日、トルーマン大統領およびワシントン当局者とマッカーサー元帥との間に行われた歴史的なウェーキ島会談の秘密文書を公表したが、その中で注目をひく点は、マ元帥がつぎの諸点を信じているということである。

一、極東軍事裁判は誤りであつた。

一、米国は対日占領費の一部を支払うべきであつた。

一、太平洋反共同盟は大変な仕事で実行は不可能である。

ウェーキ会談はマ元帥とトルーマン大統領の二人だけと、大統領の随員を交えた二種類の会談が行われたわけだが、日本および太平洋にとつて主要関心事となる問題はつぎのような順序で生まれてきたものである。

一、マ元帥はハリマン大統領特別顧問から北鮮の戰犯をどうするかとの質問を受けたのにたいし「戰犯には手をつけてもうまく行かない」と答え、これを現地司令官に一任するようにのべた。また元帥は東京裁判とニュールンベルグ裁判には「警告的な」効果はないだろうとのべ「わたくしは独自の権限で、残ぎやく行為を犯した者の処理はできるし、もし彼らを捕えればわたくしは軍法会議の手によつて直ちにこれを裁判に付するつもりだ」と答えた。

④九州・沖縄地方九紙

▼『西日本新聞』（朝刊）昭和二十六年五月四日付

太平洋同盟は不可能

ワシントン二日発UP（ヘンスレー記者）共同＝米上院軍事外交合同委員会は二日、トルーマン大統領およびワシントン当局者とマックアーサー元帥との間に行われた歴史的なウェーキ島会談の秘密文書を公表したが、その中で注目を引く点はマ元帥がつぎの諸点を信じているということである

①極東軍事裁判は誤りであった

②米国は対日占領費の一部を支払うべきであった

③太平洋反共同盟は大変な仕事で実行は不可能である

▼『佐賀新聞』（朝刊）昭和二十六年五月四日付

〝東京裁判は誤り〟

ト大統領マ元帥の論争激化せん

【ワシントン二日発UP＝共同】ヘンスレー記者＝米上院軍事外交合同委員会は二日トルーマン大統領よりワシントン當局者とマッカーサー元帥との間に行われた歴史的なウエーク島会談の秘密文書を公表したがこの中で注目をひく点はマ元帥が次の諸点を信じているということである

一、極東軍事裁判は誤りであつた

一、米国は対日占領費の一部を支払うべきであつた

一、太平洋反共同盟は大変な仕事で実行は不可能である

ウエーク会談はマ元帥とトルーマン大統領の二人だけと大統領の随員を交えた二種類の会談が行われたわけだが日本および太平洋にとつて主要関心事となる問題は次ぎの順序で生まれてきたものである

一、マ元帥はハリマン大統領特別顧問から朝鮮の戰犯をどうするかとの質問を受けたのに対し『戰犯には手をつけてもうまくゆかない』と答え、これは現地司令官に一任するように述べた、また元帥は東京裁判、ニュールンベルグ裁判には『警告的な』効果はないだろうと述べ、私は独自の権限で反逆《ママ》行為を犯したものは処理出来るし、もし彼等をとらえれば私は軍法会議の手によつて直ちにこれを裁判に附するつもりだと答えた

▼『長崎日日新聞』（朝刊）昭和二十六年五月四日付

東京裁判・対日占領費など

注目ひくマ元帥の見解

公表されたウエーク島會談秘密文書

【ワシントン二日発UP（ヘンスレー記者）＝共同】米上院軍事外交合同委員会は二日トルーマン大統領及びワシントン当局者とマッカーサー元帥との間に行なわれた歴史的なウエーク島會談の秘密文書を公表したが、この中で注目を引く点はマ元帥が次の諸点を信じているということである

一、極東軍事裁判は誤りであつた
一、アメリカは日本占領費の一部を支払うべきであつた
一、太平洋反共同盟は大変な仕事で実行は不可能である
ウエーク会談はマ元帥とトルーマン大統領の二人だけと、大統領の随員を交えた二種類の會談が行われただけだが日本および太平洋にとつて主要な戰術（ママ）の誤りは次のような順序で生まれてきたものである
一、マ元帥はハリマン大統領特別顧問から北鮮の戰犯をどうするかとの質問を受けたのにたいし『戰犯には手をつけてもうまくいかない』と答え、これを現地司令官に一任するよう述べた、また元帥は東京裁判とニュールンベルグ裁判には『警告的な効果はないだろう』と述べ『私は独自の権限で惨虐（ママ）行為をおかしたものの処理はできるし、もし彼らを捕えれば私は軍法会議の手によつてこれを裁判に付するつもりだ』と答えた

▼『熊本日日新聞』（朝刊）昭和二十六年五月四日付

極東軍事裁判は誤り

（ワシントン二日発UP、共同）
ヘンスレー記者＝米上院軍事外交合同委員会は二日、トルーマン大統領およびワシントン当局者と

マックアーサー元帥との間に行なわれた歴史的なウェーキ島会談の秘密文書を公表したが、その中で注目を引く点は、マ元帥が次の諸点を信じているということである。

一、極東軍事裁判は誤りであつた。

一、米国は対日占領費の一部を支払うべきであつた。

一、太平洋反共同盟は大へんな仕事で実行は不可能である。

ウェーキ会談はマ元帥とトルーマン大統領の随員を交えた二種類の会談が行われたわけだが日本および太平洋にとつて主要関心事となる問題はつぎのような順序で生まれてきたものである。

一、マ元帥はハリマン大統領特別顧問から北鮮の戦犯をどうするかとの質問をうけたのにたいし「戦犯には手をつけてもうまくゆかない」と答えこれを現地司令官に一任するようのべた。また元帥は東京裁判とニュールンベルグ裁判には「警告的な」効果はないだろうとのべ「私は独自の権限で残虐行為を犯した者の処理はできるし、もし彼らを捕えれば私は軍法会議の手によつて直ちにこれを裁判に付するつもりだ」と答えた。

▼『大分合同新聞』（朝刊）昭和二十六年五月四日付

ウエーク會談の秘密文書公表

極東軍事裁判は誤り

マ元帥が信じていた諸點

【ワシントン二日発UP＝共同】（ヘンスレー記者）米上院軍事外交合同委員会は二日トルーマン大統領およびワシントン当局者とマックアーサー元帥との間に行われた歴史的なウエーク島会談の秘密文書を公表したが、その中で注目をひく点はマ元帥がつぎの諸点を信じているということである

一、極東軍事裁判は誤りであつた

一、米国は対日占領費の一部を支払うべきであつた

一、太平洋反共同盟は大変な仕事で実行は不可能である

ウエーク会談はマ元帥とトルーマン大統領の二人だけと大統領の随員を交えた二種類の会談が行われたわけだが、日本および太平洋にとつて主要関心事となる問題はつぎのような順序で生まれてきたものである

一、マ元帥はハリマン大統領特別顧問から北鮮の戰犯をどうするかとの質問を受けたのにたいし「戰犯には手をつけてもうまく行かない」と答え、これを現地司令官に一任するように述べた、また元帥

は東京裁判とニュールンベルグ裁判には「警告的な」効果はないだろうと述べ「わたくしは独自の権限で残ぎやく行為を犯した者の処理はできるし、もし彼らを捕えればわたくしは軍法会議の手によつて直ちにこれを裁判に付するつもりだ」と答えた。

▼『日向日日新聞』（朝刊）昭和二十六年五月四日付

東京裁判　警告的効果なし

太平洋同盟も實行不能

【ワシントン二日発ＵＰ＝共同】（ヘンスレー記者）米上院軍事外交合同委員会は二日トルーマン大統領およびワシントン当局者とマツカーサー元帥との間に行なわれた歴史的なウエーク島会談の秘密文書を公表したが、その中で注目をひく点はマ元帥が次の諸点を信じているということである

一、極東軍事裁判は誤りであつた
一、米国は対日占領費の一部を支払うべきであつた
一、太平洋反共同盟は大変な仕事で実行は不可能である

ウエーク会談はマ元帥とトルーマン大統領の二人だけと大統領の随員を交えた二種類の会談が行われたわけだが、日本および太平洋にとつて主要関心事となる問題は次のような順序で生まれてきたも

のである

一、マ元帥はハリマン大統領特別顧問から北鮮の戰犯をどうするかとの質問を受けたのにたいし『戰犯には手をつけてもうまく行かない』と答え、これを現地司令官に一任するようのべた、また元帥は東京裁判とニュールンベルグ裁判には『警告的な』効果はないだろうとのべ『わたくしは独自の権限で残虐行為を犯した者の処理はできるし、もし彼らを捕えればわたくしは軍法会議の手によつて直ちにこれを裁判に付するつもりだ』と答えた

▼『南日本新聞』（朝刊）昭和二十六年五月四日付

『東京裁判』は誤り

マ元帥ウェーク会談で指摘

【ワシントン二日発UP＝共同】

ヘンスレー記者記＝アメリカ上院軍事外交合同委員会は二日、トルーマン大統領およびワシントン当局者とマックアーサー元帥とのあいだに行われた歴史的なウェーク島会談の秘密文書を公表したが、その中で注目を引く点はマ元帥が次の諸点を信じているということである。

（一）極東軍事裁判は誤りであつた。

（一）アメリカは対日占領費の一部を支払うべきであつた。
（二）太平洋反共同盟は大変な仕事で実行は不可能である。
ウェーク島会談はマ元帥とト大統領の二人だけと大統領の随員を交えた二種類の会談が行われただけだが、日本および太平洋にとつて主要関心事となつた問題は、次のような順序で生れてきたものである。
一、マ元帥はハリマン大統領顧問から北鮮の戰犯をどうするかとの質問を受けたのに対し〝戰犯には手をつけてもうまくは行かない〟と答え、これを現地司令官に一任すると述べた。また元帥は東京裁判とニュールンベルグ裁判には『警告的』な効果はないだろうとのべ〝私は独自の権限で残虐行為を侵した者の処理はできるし、もし彼等をとらえれば私は軍法会議の手によつて直ちにこれを裁判に付するつもりだ〟と答えた。

▼『うるま新報』（朝刊）昭和二十六年五月四日付

軍事裁判は失敗
太平洋反共　同盟は不可能

（ワシントン二日ユーピーヘンスレー記者共同）米上院軍事外交合同委員会は二日トルーマン大統領およびワシントン當局者とマッカーサー元帥との間に行われた歴史的なウエーク島会談の秘密文書を

公表したがその中で注目をひく点はマ元帥が次の諸点を信じているということである

一、極東軍事裁判は誤りであった

一、米国は対日占領費の一部を支払うべきであった

一、太平洋反共同盟は重要な仕事で實行は不可能である

ウエーク島会談はマ元帥とトルーマン大統領の二人だけと大統領の随員を交えた二種類の會談が行なわれたわけだが日本および太平洋にとっても主要関心事となる問題は次のような順序で生まれてきたものである

一、マ元帥はハリマン大統領新聞《（ママ）》顧問から「北鮮の戰犯をどうするか」との質問を受けたのにたいし「戰犯には手をかけてもうまく行かない」と答え、これを現地司令官に一任するようのべた、また元帥は東京裁判とニュールンベルグ裁判には「警告的な」効果はないだろうとのべ「わたくしは獨自の権限で残ぎゃく行為を犯した者の処理はできるしもし彼らを捕えればわたくしは軍法會議の手によって直ちにこれを裁判に付するつもりだ」と答えた

▼『沖縄タイムス』（朝刊）昭和二十六年五月四日付

東京裁判は誤りだつた

マ元帥言明　ウェーク會談で

【ワシントン二日発共同】米上院軍事外交合同委員会は二日トルーマン大統領およびワシントン當局者とマッカーサー元帥との間に行われた歴史的なウェーク島会談の秘密文書を公表したが、その中で注目を惹く点はマ元帥が次の諸点を信じているということである

一　極東軍事裁判は誤りであつた

一　米國は対日占領費の一部を支払うべきであつた

一　太平洋反共同盟は大きな仕事で實行は不可能である、それよりもギリシア、トルコ両國に対する一九四七年の「トルーマン政策」に似た安全保障を太平洋諸國に与える方が望ましい、米國以外の太平洋諸國は軍備がないから太平洋同盟は作れない、軍備を持つているのは米國だけである、太平洋諸國の欲するところは米國から安全保障を受けることである、大統領はこの會議のあとで大々的な聲明を行うべきである

引用・参考文献一覧

〈単行本〉
朝日新聞百年史編修委員会編『朝日新聞社史　昭和戦後編』朝日新聞社、平成六年
朝日新聞法廷記者団『東京裁判　第八輯』ニュース社、昭和二十四年
朝日ソノラマ編集部『マッカーサーの涙』朝日ソノラマ、昭和四十三年
粟屋憲太郎『東京裁判への道』上巻、講談社、平成十八年
ウィリアム・J・シーボルト／野末賢三訳『日本占領外交の回想』朝日新聞社、昭和四十一年
江藤淳『一九四六年憲法——その拘束』文藝春秋、昭和五十五年

江藤淳『閉ざされた言語空間――占領軍の検閲と戦後日本』文春文庫、平成六年
大森実『戦後秘史9　講和の代償』講談社、昭和五十一年
岡本幸治『骨抜きにされた日本人――検閲、自虐、そして迎合の戦後史』ＰＨＰ研究所、平成十四年
岡本嗣郎『陛下をお救いなさいまし――河井道とボナー・フェラーズ』ホーム社、平成十四年
勝岡寛次『抹殺された大東亜戦争』明成社、平成十七年
神谷不二『朝鮮戦争』中公文庫、平成二年
木梨幸三『デイブ・伊丹明の生涯』ぱる出版、平成六十年
清瀬一郎『秘録東京裁判』読売新聞社、昭和五十四年
工藤美代子『マッカーサー伝説』恒文社、平成十三年
コートニー・ホイットニー／毎日新聞社外信部訳『日本におけるマッカーサー』毎日新聞社、昭和三十二年
児島襄『東京裁判』全二巻、中公新書、昭和五十五年
小堀桂一郎編『東京裁判　日本の弁明「却下未提出弁護側資料」抜粋』講談社学術文庫、平成七年
佐藤和男〔監修〕・終戦五十周年国民委員会〔編〕『世界が裁く東京裁判』ジュピター出版、平成八年

週刊新潮編集部『マッカーサーの日本』下巻、新潮文庫、昭和四十五年
菅原裕『東京裁判の正体』国書刊行会、平成十四年
全国歴史教育研究協議会編『世界史Ⓑ用語集』山川出版社、平成十六年
袖井林二郎『マッカーサーの二千日』中公文庫、昭和五十七年
田岡良一「序章　パル判決の意義」『共同研究　パル判決書』上巻、講談社学術文庫、昭和六十一年
高桑幸吉『マッカーサーの新聞検閲——掲載禁止・削除になった新聞記事』読売新聞社、昭和五十九年
高野和基解説・訳『占領管理の体制』第二巻、日本図書センター、平成八年
高柳賢三『極東裁判と國際法』有斐閣、昭和二十三年
瀧川正次郎『新版　東京裁判を裁く』上巻、創拓社、昭和五十三年
ダグラス・マッカーサー／津島一夫訳『マッカーサー回想記』下巻、朝日新聞社、昭和三十九年
竹前栄治『ＧＨＱ』岩波新書、昭和五十八年
竹前栄治『占領戦後史』岩波書店、平成四年
竹前栄治解説・竹前栄治／今泉真理訳『ＧＨＱ日本占領史序説』第一巻、日本図書センター、平成八年

田中正明『極東国際軍事裁判における印度・パール判事の判決文　日本無罪論――真理の裁き』太平洋出版社、昭和二十七年
田中正明『東京裁判とは何か』日本工業新聞社、昭和五十八年
田中正明『パール博士の日本無罪論』慧文社、昭和五十五年
チャールズ・A・ウィロビー／延禎監修『知られざる日本占領―ウィロビー回顧録―』番町書房、昭和四十八年
東京裁判研究会編『共同研究　パル判決書』全巻、講談社学術文庫、昭和六十一年
東京裁判研究会編『東條英機宣誓供述書』洋洋社、昭和二十三年
東郷茂彦『祖父東郷茂徳の生涯』文藝春秋、平成五年
遠山茂樹・今井清一・藤原彰『昭和史〔新版〕』岩波新書、平成元年
戸谷由麻『東京裁判』みすず書房、平成二十年
豊下楢彦『昭和天皇・マッカーサー会見』岩波書店、平成二十年
中里成章『パル判事――インド・ナショナリズムと東京裁判』岩波新書、平成二十三年
西鋭夫「マッカーサーの『犯罪』」上巻、日本工業出版社、昭和五十八年
新田満夫編『極東國際軍事裁判速記録』第八巻、雄松堂書店、昭和四十三年

ハリー・S・トルーマン／加瀬俊一監修・堀江芳孝訳『トルーマン回顧録2』恒文社、昭和四十五年
半藤一利、竹内修司、保阪正康、松本健一『占領下日本』筑摩書房、平成二十一年
日暮吉延『東京裁判』講談社現代新書、平成十九年
冨士信夫『私の見た東京裁判』下巻、講談社学術文庫、昭和六十三年
フランク・リール／下島連訳『山下裁判』全巻、日本教文社、昭和二十七年
ベルト・ファン・A・レーリンク＆A・カッセーゼ／小菅信子訳・粟屋憲太郎解説『レーリンク判事の東京裁判』新曜社、平成八年
細谷千博他編『東京裁判を問う』講談社、昭和五十九年
マイケル・シャラー／豊島哲訳『マッカーサーの時代』恒文社、平成八年
増田弘『マッカーサー――フィリピン統治から日本占領へ』中公新書、平成二十一年
松浦総三『増補決定版　占領下の言論弾圧』現代ジャーナリズム出版会、昭和四十九年
村上薫『朝鮮戦争』教育社、昭和五十八年
モニカ・ブラウ／立花誠逸訳『検閲一九四五―一九四九』時事通信社、昭和六十三年

吉本貞昭『世界が語る大東亜戦争と東京裁判――アジア・西欧諸国の指導者・識者たちの名言集』ハート出版、平成二十四年
リチャード・H・マイニア／安藤仁介訳『東京裁判　勝者の裁き』福村出版、平成十三年
ローレンス・テイラー／武内孝夫・月守晋訳『将軍の裁判』立風書房、昭和五十七年

〈雑誌論文〉

荒敬「東京裁判・戦争責任の源流—東京裁判と占領下の世論—」（歴史科学協議会編『歴史評論』校倉書房、昭和五十九年四月号所収）
粟屋憲太郎「東京裁判の被告はこうして選ばれた」（『中央公論』中央公論社、昭和五十九年二月号所収）
稲垣武「ＧＨＱの〝洗脳〟は今も大新聞の「反日」報道の中に生きている！」（『ＳＡＰＩＯ』平成九年三月二十六日号所収）
牛田久美訳・解説「東京裁判とニュルンベルグ裁判は全く抑止力はなかった」（『正論』産経新聞社、平成十八年十二月号所収）
牛田久美訳・解説「日本が戦争に駆り立てられた動機」（『正論』産経新聞社、平成十六年一月号所収）

牛村圭「東京裁判パル判決の謎を解く」（『文藝春秋』文藝春秋社、平成十九年九月号所収）
岡崎久彦「占領の時代　第八章　東京裁判その一　極東国際軍事裁判の判決は史上最悪の偽善です」（『Voice』PHP研究所、平成十三年九月号所収）
戒能通孝「戦争犯罪の法理はいかにして作られるか」（『書評』日本出版協會、昭和二十四年五月号所収）
戒能通孝「戰犯裁判の法律理論」（『歴史評論』校倉書房、昭和二十三年九月号所収）
清瀬一郎「世紀の東京裁判を顧みて」（『経済新誌』経済新誌社、昭和二十三年八月号所収）
小堀桂一郎〈今こそ「歴史解釈権」の回復を――東京裁判を見直す海外の理性の眼〉（『正論』産経新聞社、平成十三年七月号所収）
茶園義男「『私は貝になりたい』始末記」（『別冊歴史読本特別増刊　戦争裁判　処刑者一千』新人物往来社、平成五年所収）
菅原裕「戰犯事件辯護の意義」（『法律新報』法律新法社、昭和二十一年四月・五月合併号所収）
田岡良一「戰犯裁判について」（『新生』新生社、昭和二十一年六月号所収）
高柳賢三「極東判決の法理論」（『法律タイムズ』海口書店、昭和二十四年六月号所収）

高柳賢三「東京裁判判決の波紋」（『法律タイムズ』法律タイムズ社、昭和二十四年八・九月合併号所収）
原田慶吉編『國家學會雜誌』財團法人國家學會事務所、昭和二十三年第六十二巻第十一号
平塚柾緒「マッカーサー命令第一号　A級戦犯容疑者を逮捕せよ！」（『別冊歴史読本　東京裁判は何を裁いたのか』新人物往来社、平成二十年所収）

〈新聞〉（検閲・東京裁判・上院軍事外交合同委員会・BC級裁判）

『朝日新聞』（朝刊）昭和二十年九月八日付
『朝日新聞』（朝刊）昭和二十年九月二十一日付
『朝日新聞』（朝刊）昭和二十年九月二十三日付
『朝日新聞』（朝刊）昭和二十年十月六日付
『朝日新聞』（朝刊）昭和二十年十一月九日付
『朝日新聞』（朝刊）昭和二十一年四月二十一日付
『朝日新聞』（朝刊）昭和二十一年四月二十二日付
『朝日新聞』（朝刊）昭和二十三年七月十六日付
『朝日新聞』（朝刊）昭和二十三年十一月十三日付
『朝日新聞』（朝刊）昭和二十三年十二月一日付
『朝日新聞』（朝刊）昭和二十三年十二月八日付
『朝日新聞』（朝刊）昭和二十三年十二月十七日付
『朝日新聞』（朝刊）昭和二十三年十二月二十二日付
『朝日新聞』（朝刊）昭和二十三年十二月二十三日付

『朝日新聞』（朝刊）昭和二十三年十二月二十五日付
『朝日新聞』（朝刊）昭和二十四年五月二十四日付
『朝日新聞』（朝刊）昭和二十六年五月十六日付
『新岩手日報』（朝刊）昭和二十一年六月十九日付
『ニッポン・タイムズ』一九四八年十一月十三日付
『北海道新聞』（朝刊）昭和二十三年十一月十三日付
『毎日新聞』（朝刊）昭和二十三年十一月十三日付
『南日本新聞』（朝刊）昭和二十三年十一月十三日付
『読売新聞』（朝刊）昭和二十三年十一月十三日付

〈新聞〉（ウエーク島会談）

①東京（全国）大手六紙
『朝日新聞』（朝刊）昭和二十六年五月四日付
『産業経済新聞』（朝刊）昭和二十六年五月四日付
『日本経済新聞』（朝刊）昭和二十六年五月四日付
『ニッポン・タイムズ』一九五一年五月四日付
『夕刊毎日』昭和二十六年五月四日付
『夕刊読売』昭和二十六年五月三日付

②関東地方六紙
『いはらき』（朝刊）昭和二十六年五月四日付
『神奈川新聞』（朝刊）昭和二十六年五月四日付

『埼玉新聞』（朝刊）昭和二十六年五月四日付

『下野新聞』（朝刊）昭和二十六年五月四日付

『上毛新聞』（朝刊）昭和二十六年五月四日付

『東京新聞』（朝刊）昭和二十六年五月四日付

③中部・東海地方七紙

『岐阜タイムス』（朝刊）昭和二十六年五月四日付

『静岡新聞』（朝刊）昭和二十六年五月四日付

『信濃毎日新聞』（朝刊）昭和二十六年五月四日付

『中部経済新聞』（朝刊）昭和二十六年五月四日付

『中部日本新聞』（朝刊）昭和二十六年五月四日付

『東海夕刊』昭和二十六年五月四日付

『山梨日日新聞』（朝刊）昭和二十六年五月四日付

④北海道・東北地方七紙

『秋田魁新報』（朝刊）昭和二十六年五月四日付

『河北新報』（朝刊）昭和二十六年五月四日付

『新岩手日報』（朝刊）昭和二十六年五月四日付

『東奥日報』（朝刊）昭和二十六年五月四日付

『福島民報』（朝刊）昭和二十六年五月四日付

『北海道新聞』（夕刊）昭和二十六年五月四日付

『山形新聞』（朝刊）昭和二十六年五月四日付

⑤近畿地方七紙

『朝日新聞』（朝刊）昭和二十六年五月四日付
『京都新聞』（朝刊）昭和二十六年五月四日付
『毎日新聞』（夕刊）昭和二十六年五月四日付
『夕刊神戸』昭和二十六年五月四日付

⑥中国地方四紙
『山陽新聞』（朝刊）昭和二十六年五月四日付
『中國新聞』（朝刊）昭和二十六年五月四日付

⑦四国地方三紙
『愛媛新聞』（朝刊）昭和二十六年五月四日付
『四國新聞』（朝刊）昭和二十六年五月四日付

⑧北陸地方五紙
『北日本新聞』（朝刊）昭和二十六年五月四日付
『新潟日報』（朝刊）昭和二十六年五月四日付
『伊勢新聞』（朝刊）昭和二十六年五月四日付
『産業経済新聞』（朝刊）昭和二十六年五月四日付
『大和タイムス』（朝刊）昭和二十六年五月四日付

『島根新聞』（朝刊）昭和二十六年五月四日付
『日本海新聞』（朝刊）昭和二十六年五月四日付

『高知新聞』（朝刊）昭和二十六年五月四日付

『富山新聞』（朝刊）昭和二十六年五月四日付
『福井新聞』（朝刊）昭和二十六年五月四日付

『北国新聞』（朝刊）昭和二十六年五月四日付

⑨九州・沖縄地方九紙

『うるま新報』（朝刊）昭和二十六年五月四日付
『沖縄タイムス』（朝刊）昭和二十六年五月四日付
『佐賀新聞』（朝刊）昭和二十六年五月四日付
『西日本新聞』（朝刊）昭和二十六年五月四日付
『南日本新聞』（朝刊）昭和二十六年五月四日付
『大分合同新聞』（朝刊）昭和二十六年五月四日付
『熊本日日新聞』（朝刊）昭和二十六年五月四日付
『長崎日日新聞』（朝刊）昭和二十六年五月四日付
『日向日日新聞』（朝刊）昭和二十六年五月四日付

◇著者◇
吉本 貞昭（よしもと・さだあき）
昭和34年生まれ。国立大学の大学院を修了後、中国留学を経て、現在は大学の研究機関に在籍。専門分野の中国研究の他に、大東亜戦争の、開戦と終戦原因、特攻の戦果、東京裁判と日本国憲法の検閲について研究している。約10年にわたり高等学校で世界史などを担当。昭和20年9月14日に、東京・市ヶ谷台上で割腹自決した陸軍大将吉本貞一は、親類にあたる。著書に『世界が語る大東亜戦争と東京裁判』『世界が語る神風特別攻撃隊』（ハート出版）がある。
著書のホームページ（http://s-yoshimoto.sakura.ne.jp/）

東京裁判を批判したマッカーサー元帥の謎と真実

平成25年5月31日　　第1刷発行

著　者　　吉本貞昭
装　幀　　フロッグキングスタジオ
発行者　　日高裕明
発　行　　株式会社ハート出版
〒171-0014 東京都豊島区池袋3-9-23
TEL03-3590-6077　FAX03-3590-6078
ハート出版ホームページ　http://www.810.co.jp

乱丁、落丁はお取り替えします。その他お気づきの点がございましたら、お知らせください。

Printed in Japan　ISBN978-4-89295-924-0
印刷・製本 中央精版印刷株式会社